2024 스포츠지도사

한국체육사

단원별 출제빈도 분석

단원	2015 (전문)	2015 (생활)	2016	2017	2018	2019	2020	2021	2022	2023	누계 (개)	출제율 (%)
제1장 한국체육사의 개관	2	2	1	1	2	1	1	2	2	2	16	8
제2장 선사 · 부족국가와 삼국시대의 체육	4	4	5	4	4	2	2	3	3	4	35	17.5
제3장 고려시대와 조선시대의 체육	5	7	4	5	4	5	6	5	5	4	50	25
제4장 개화기와 일제강점기의 체육	6	2	6	6	7	6	7	7	3	5	55	27.5
제5장 현대 체육 · 스포츠	3	5	4	4	3	6	4	3	7	5	44	22
합계	20	20	20	20	20	20	20	20	20	20	180	100

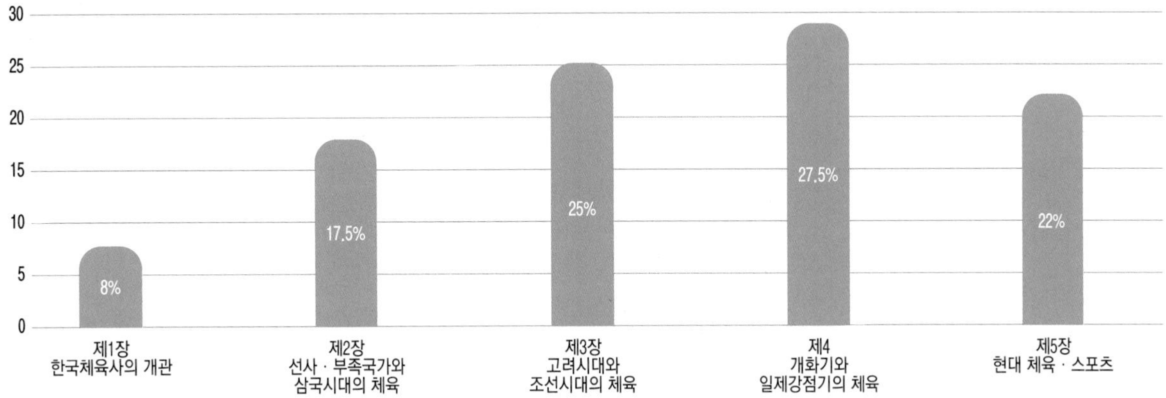

단원별 출제비율 그래프

CHAPTER 01

한국체육사의 개관

체육사란

☞ 과거의 체육적 사실에 대하여 정확하게 설명하고 해석하려고 노력하는 것.

☞ 체육과 스포츠를 역사적인 방법으로 연구하는 것.

☞ 신체운동 자체와 신체운동과 관련이 있는 문제들을 거시적으로 고찰하는 학문 .

☞ 체육학의 하위영역 중 한 분야

한국체육사 연구의 의의

☞ 우리 민족은 전통문화와 더불어 새로운 체육문화를 창조해온 문화민족이다.

☞ 그런데도 불구하고 서양체육을 맹종하고 한국체육의 역사적 정통성을 무시하거나 망각하고 있다.

☞ 고대로부터 면면히 이어내려온 체육이념과 전통을 찾아서, 그것을 바탕으로 체육교육의 체계를 확립하여야 할 필요가 있다.

☞ 오늘날 우리나라 체육의 현실을 명확하게 인식하고, 앞날의 체육을 통찰하기 위해서 한국체육사 연구가 필수적이다.

체육사의 시대구분

☞ 서양의 체육은 그리스 로마 시대의 고대체육, 중세 봉건주의 사회의 중세체육, 문예부흥(르네상스) 이후의 근대체육으로 구분한다.

☞ 우리나라의 체육은 갑오개혁(1895년) 이전의 체육을 전통체육, 이후의 체육을 근대체육으로 구분한다.

☞ 전통체육은 무술이나 제례행사, 귀족들의 수렵이나 유희오락, 일반인들의 세시풍속 놀이와 오락을 합한 것이다.

☞ 근대체육은 주로 체조(도수체조, 병식체조, 위생체조)와 스포츠를 말한다.

한국체육사의 시대 구분

구분	중심적 활동		시대구분	
전통체육기	무사체육 시대	무예	원시부족사회 삼국 및 통일신라 고 려 조 선	
			1895	근대학교
태동 · 성장기	형식체조 중심 시대	병식체조 보통체조 학교체조	1910	한일합방
			1914	학교체조 교수요목
		스웨덴체조	1927	경기단체 결성
융성기	스포츠 · 유희 중심 시대		1941	제2차세계대전
암흑기	군사훈련 중심 시대(체육통제)		1945	해방
발전기	현대 체육활동 시대			

출처 : 나현성(1963). 한국체육사.

인간의 신체운동 발달의 3단계

⑧ 1단계 : 일상생활과 노동에서 유래한 실용기술의 단계

⑧ 2단계 : 실용기술에서 벗어나 여가활동의 하나로 행해지는 유희화 단계

⑧ 3단계 : 합리화 · 조직화 · 제도화가 진행되는 경기화 단계

스포츠의 개념

☞ 놀이는 자발적이고 일정한 규칙이 없이 자유롭게 하는 활동이고, 게임은 일정한 규칙이 있고 승부를 겨루는 활동이다.

☞ 스포츠는 일정한 규칙이 있고 제도화된 놀이 또는 게임 중에서 신체적인 경쟁을 통해서 승부를 가리는 활동이다.

☞ 체육은 신체를 통한 교육과 신체의 교육을 합한 것이다.

☞ 호모루덴스……네덜란드의 호이징거라는 학자가 '놀이하는 인간'이라는 의미로 한 말이다. 즉 인간은 놀이를 한다는 점이 동물과 다르고, 문명은 놀이에서 파생된 것이라는 주장을 말한다.

필수 및 심화 문제

필수문제

01 체육사 연구에서 사관(史觀)에 관한 설명으로 적절하지 않은 것은?

① 유물사관, 관념사관, 진보사관, 순환사관 등이 있다.
② 체육 역사에 대한 견해, 해석, 관념, 사상 등을 의미한다.
③ 체육 역사가의 관점으로 다양한 과거의 역사적 사실을 해석한다.
④ 과거 체육과 관련된 사실을 담고 있는 역사 자료를 의미한다.

■ **사관** : 역사학자의 역사에 대한 인식으로, 과거의 사실을 취급하는 태도
■ ④의 역사 자료는 '사료(史料)'이다.

필수문제

02 체육사에 관한 설명으로 옳지 않은 것은?

① 연구대상은 시간, 인간, 공간 등이 고려된다.
② 체육과 스포츠를 역사적 방법으로 연구하는 학문이다.
③ 연구내용은 스포츠문화사, 전통스포츠사 등을 포함한다.
④ 체육과 스포츠의 도덕적 가치판단에 대한 근거를 탐구한다.

■ ④ 체육과 스포츠의 도덕적 가치판단에 대한 근거를 탐구하는 학문은 스포츠윤리학이다.
■ 체육사는
· 과거의 체육적 사실을 정확하게 설명·해석하려고 노력하는 것
· 체육과 스포츠를 역사적인 방법으로 연구하는 것
· 신체운동과 신체운동에 관련된 문제들을 거시적으로 고찰하는 학문

심화문제

03 체육사에 대한 설명으로 바르지 않은 것은?

① 신체활동의 여러 현상을 문화사 또는 교육사의 측면으로 살펴본다.
② 체육의 역사적 변화를 이해함으로써 교훈을 얻는다.
③ 각 나라의 역사와 문화를 살펴보는 것이 중요하다.
④ 과거를 통해서 파악한 현재 체육으로 미래 체육을 예언한다.

■ 각 나라의 역사와 문화를 살펴보는 것은 역사이다.

04 체육사에 대한 설명으로 옳지 않은 것은?

① 체육과 스포츠를 역사적 방법으로 연구하는 학문이다.
② 체육사상사, 스포츠문화사, 스포츠종목사 등의 연구내용을 포함한다.
③ 스포츠행위의 옳고그름에 대한 판단 기준을 제시하는 학문이다.
④ 연구 대상으로는 시간, 인간, 공간이 고려된다.

■ 옳고그름에 대한 판단기준을 제시하는 학문은 '스포츠윤리학'이다.

정답 01 : ④, 02 : ④, 03 : ③, 04 : ③

필수문제

05 보기에서 체육사 연구의 사료(史料)에 관한 설명으로 옳은 것만을 모두 고른 것은?

보기
㉠ 기록 사료는 문헌 사료와 구전 사료가 있다.
㉡ 물적 사료는 물질적 유산인 유물과 유적이 있다.
㉢기록 사료 중 민요, 전설, 시가, 회고담 등은 문헌 사료이다.
㉣전통적인 분류 방식에 따르면, 물적 사료와 기록 사료로 구분된다.

① ㉠, ㉡ ② ㉡, ㉢ ③ ㉠, ㉡, ㉣ ④ ㉡, ㉢, ㉣

■ 사료 : 역사 연구 · 고찰에 필요한 문헌, 유물, 문서, 기록, 건축, 조각 등의 단서자료
■ ㉢은 구술사료이다.
■ ㉡ 물적 사료 : 유물 · 유적 등 현존하는 모든 상태의 물질적 유산인 기구 · 도구 · 예술품 · 생활용품 등의 유물과 건물 · 성곽 · 거주지 등의 유적
■ ㉣ 기록 사료 : 문헌 자료(고문서, 고문헌 등)와 구전 사료(민요, 전설, 시가, 회고담 등)

심화문제

06 체육사 연구에서 사료(史料)에 대한 설명으로 옳지 않은 것은?

① 유물, 유적 등의 유산은 물적 사료이다.
② 공문서, 사문서, 출판물 등은 문헌 사료이다.
③ 과거의 기억에 대한 증언 등은 구술 사료이다.
④ 각종 트로피, 우승기, 메달, 경기 복장 등은 구전 사료이다.

■ ④는 물적 사료임.

07 체육 관련 사료 중 문헌사료가 아닌 것은?

① 고구려 무용총 수렵도(狩獵圖) ② 무예도보통지(武藝圖譜通志)
③ 조선체육계(朝鮮體育界) ④ 손기정 회고록(回顧錄)

■ 문헌 : 옛날의 제도와 문물을 알 수 있는 증거가 되는 자료나 기록.
■ 고구려 무용총 수렵도는 기록(문헌)이 아니다.

필수문제

08 체육사 연구에서 사관(史觀)이 갖는 의미로 가장 적절한 것은?

① 체육의 현상을 개념화한다.
② 체육에 대한 기록으로의 역사와 사실로서의 역사를 기술한다.
③ 체육에 대한 문헌사료를 제시한다.
④ 역사가의 가치관에 따라 체육의 역사를 해석한다.

■ 사관 : 역사가의 역사에 대한 인식. 역사가의 가치관에 따라 기준이 달라지는 것.

필수문제

09 체육사의 연구영역에 해당되지 않는 것은?

① 통사적 · 세계사적 연구영역 ② 시대적 · 지역적 연구영역
③ 개별적 · 특수적 연구영역 ④ 현재적 · 미래적 연구영역

■ 현재나 미래는 역사의 연구영역이 아니다.

정답 05 : ③, 06 : ④, 07 : ①, 08 : ④, 09 : ④

심화문제

10 한국체육사 연구가 본격적으로 이루어진 시기에 대한 설명으로 바른 것은?

① 고려시대　　② 조선시대
③ 일제강점기　　④ 광복 이후

11 체육사의 연구내용에 대한 설명으로 옳지 않은 것은?

① 스포츠를 통해 시대별로 파생된 여러 문화 현상을 다룬다.
② 스포츠 경쟁의 도덕적 조건과 가치 있는 승리의 의미를 다룬다.
③ 스포츠의 기원 또는 발달 과정을 다룬다.
④ 스포츠 종목의 발생원인 및 조건을 다룬다.

■ ②는 스포츠윤리학의 연구내용이다.

필수문제

12 보기의 ㉠, ㉡에 들어갈 용어는?

보기
» 나현성의 『한국체육사』에 따른 시대 구분이다.
» 갑오경장(甲午更張) 이전은 무예를 중심으로 하는 (㉠)체육을 강조하였다.
» 갑오경장 이후는 「교육입국조서(敎育立國詔書)」를 중심으로 하는 (㉡)체육을 강조하였다.

① ㉠전통 ㉡근대　　② ㉠현대 ㉡전통
③ ㉠근대 ㉡전통　　④ ㉠전통 ㉡현대

■ 나현성은 한국체육사를 갑오경장(갑오개혁) 이전의 **'전통체육'**과 이후의 **'근대체육'**으로 구분하였다.

심화문제

13 보기의 ㉠~㉢에 들어갈 용어가 바르게 연결된 것은? (단, 시대 구분은 나현성의 방식을 따름)

보기
» (㉠) 이전은 무예를 중심으로 한 무사 체육 등의 (㉡) 체육을 강조하였다.
» (㉠) 이후는 「교육입국조서(敎育立國詔書)」를 통한 학교 교육에 기반을 둔 (㉢) 체육을 강조하였다.

	㉠	㉡	㉢
①	갑오경장(1894)	전통	근대
②	갑오경장(1894)	근대	전통
③	을사늑약(1905)	전통	근대
④	을사늑약(1905)	근대	전통

■ 위의 12번 문제 참조

정답　10 : ④, 11 : ②, 12 : ①, 13 : ①

14 체육사 연구에서 시대를 구분하는 이유로 가장 적절한 것은?

① 체육사의 종합적인 이해와 서술을 돕기 위해서
② 체육사의 옳고 그름을 판단하기 위해서
③ 체육사의 현재를 설명하기 위해서
④ 체육사의 사료를 비판하기 위해서

■ 체육사는 역사적 사실과 그당시의 정치 · 경제 · 문화 · 군사 · 지리적 환경 등과의 관계를 밝히는 종합적인 연구이다.

15 보기에 있는 여러 가지 활동 중에서 전통체육(근대체육과 대비)의 범주에 들어가는 것을 모두 고른 것은?

보기
㉠ 화랑의 군사훈련
㉡ 귀족층이 여유시간에 한 사냥과 유희
㉢ 서민층이 명절에 한 놀이와 오락
㉣ 갑오개혁 이후에 열린 운동회

① ㉠, ㉡
② ㉠, ㉡, ㉢
③ ㉠, ㉡, ㉢, ㉣
④ ㉠

■ 갑오개혁(갑오경장)을 중심으로 전통체육과 근대체육으로 나누기 때문에 갑오경장 이후에 열린 운동회에서 행한 것은 근대체육의 범주에 들어간다.

16 한국체육사의 시대 구분에 관한 내용으로 적절하지 않은 것은?

① 고대체육은 부족국가 및 삼국시대로 구분할 수 있다.
② 광복을 전후로 고대체육과 전통체육으로 구분할 수 있다.
③ 갑오경장을 전후로 전통체육과 근대체육으로 구분할 수 있다.
④ 고대체육, 중세체육, 근대체육, 전통체육으로 구분할 수 있다.

■ 한국체육사의 시대 구분은 **갑오경장**을 전후로 한다.

17 체육사의 시대 구분에 대한 설명으로 가장 올바른 것은?

① 기존의 구분방식을 그대로 따라야 한다.
② 역사가들의 임의적 수단이자 도구이다.
③ 역사 이해를 단절시키는 위험이 있다.
④ 지역과 주제에 따라서 변경할 수 없다.

■ 역사가들의 시대 구분은 자신의 판단에 의한다. 그러나 여러 역사가들이 공통적으로 구분하는 방법을 따르는 것이 원칙이다.

정답 14 : ①, 15 : ②, 16 : ②, 17 : ②

CHAPTER 02 선사 · 부족국가와 삼국시대의 체육

부족국가별 제천행사의 이름

⑧ 고구려 – 동맹 : 천제대회

⑧ 신라 – 가배

⑧ 부여 – 영고 : 국중대회

⑧ 동예 – 무천

⑧ 마한 – 10월제

제천행사의 내용

☞ 각저(씨름), 수박(주먹으로 싸우기), 기마(말 타기), 사예(활쏘기), 격검(칼싸움)

☞ 부족사회의 생활……반구대의 암각화를 통해서 수렵, 어로, 제천행사 등을 했다는 것을 알 수 있다.

부족 간의 전쟁

⑧ 제가(귀족 또는 호족)……출전(말을 타고 하는 전투)

⑧ 장수……보전(걸어 다니면서 하는 전투)

⑧ 하호……군량을 부담하는 사람

⑧ 성년의식을 마친 사람 = 큰사람 = 부족을 위해서 봉사할 수 있는 사람

주술

☞ 무당(단골, 당골, 샤먼)……사머니즘에 따라서 집단적인 기원(부족 전체가 바라는 것을 기원), 개인의 바람이 이루어지도록 기원, 치병(병을 낫게 하는 것), 해원(원한을 풀어주는 것), 천도기원(죽은 사람이 좋은 곳으로 가도록 길을 인도하는 것)을 행하는 사람, 즉 굿을 하는 사람이다.

선사시대의 체육

☞ 부모나 종교지도자가 소년들이 성인이 될 때까지 필요한 지식과 기술을 가르치는 데에서 비롯되었다.

☞ 체육교육은 평생교육으로 행해졌다.

☞ 체육교육의 목적은 부족방위를 위한 신체능력의 발달과 집단의식의 강화에 있었다.

고구려, 백제, 신라

국가의 기틀을 마련한 순서	고구려 → 백제 → 신라
전성기를 맞은 순서	백제 → 고구려 → 신라
망한 순서	백제 → 고구려 → 신라

☞ 유교와 불교의 도입으로 3국 모두 정치, 교육, 문화에 큰 영향을 받았다.

☞ 고구려는 중국과 계속해서 전쟁하면서 중국문화를 수용하여 한반도에 전달하였다.

» 제가회의(귀족회의)에서 왕권을 견제. 대대로(수상)

☞ 백제는 중국과 교역을 하면서 중국의 귀족문화를 수용하여 한반도와 일본에 전달하였다.

» 6좌평(귀족회의), 상좌평(6좌평의 대표)

☞ 신라는 계속해서 일본과 싸웠고, 후반기부터 중국과 직접 교역하기 시작하였다.

» 화백회의(귀족회의), 상대등(화백회의 대표)

☞ 세 나라는 서로 경쟁(대립)하기도 하고 협력하기도 하였다.

※씨족사회에서 고대국가로 발전하는 과정

⑧ 부족사회→군장국가→연맹왕국→고대국가

삼국시대의 교육

고구려	» **태학** : 상류층 자제를 대상으로 국가의 관리를 양성함. » **경당** : 평민층 자제를 대상으로 경전과 활쏘기를 교육함.
백제	» **고흥 박사** : 한자로 역사를 기록하기 시작. » **왕인 박사** : 일본에 천자문과 논어를 전수. » 모시박사, 의박사, 역박사, 오경박사가 있었음.
신라	» **화랑도** : 국선도, 풍류도, 원화도. 주행천하를 통해서 군사적인 수련과 심신의 수련. » **국학** : 유학의 교수 및 연구, 귀족의 자제를 대상으로 관리를 양성함.

1 삼국시대의 무예

기마술, 활쏘기

2 삼국시대의 오락(유희)

- 각저(각력, 각희, 상박, 쟁교, 솔교)=씨름
- 격구=폴로 또는 필드하키
- 축국(농주, 기구)=축구, 가죽주머니로 공을 만들었다.
- 석전(변전, 편전, 편싸움)=돌팔매 싸움
- 마상재(곡마, 말놀음, 말광대)=말 위에서 재주를 부리는 것
- 수박(권법), 방응(매사냥), 추천(그네뛰기)
- 투호(화살을 항아리에 던져 넣기), 저포(윷놀이), 위기(바둑)
- 쌍륙(2벌의 윷과 30개의 말을 가지고 하는 놀이)
- 줄다리기, 줄타기, 술래잡기, 널뛰기, 제기차기, 설마, 죽마

삼국시대의 체육활동

편력	산 속에 들어가 신체적 고행을 통해서 신체와 정신을 강화하고, 영적인 힘을 얻고자 했던 수련활동.
주행천하	명산대천을 순례하며 군사적인 수련과 심신수련을 하는 것.
기사	말을 타고 달리면서 활을 쏘는 것.
불국토 사상	국토를 신성하고 존엄하게 생각하며, 목숨을 걸고 국토를 지켜 내야 한다는 사상

화랑도의 세속5계

사군이충	임금을 충성으로 모시고
사친이효	부모님을 효로 모시고
교우이신	친구를 믿음으로 사귀고
임전무퇴	전장에서는 물러남이 없고
살생유택	사람이나 동물을 죽일 때는 때와 장소를 가려서 죽여야 한다.

위생사상

- ☞ 모든 질병과 액운을 신의 노여움 때문이라고 생각하여 제사로 면하려고 하였다.
- ☞ 불교가 도입되면서 독경과 기도를 통해서 병을 치료하려고 하였다.
- ☞ 한의학이 전래되어 한의술에 의한 치료도 있었다.

필수 및 심화 문제

■원시사회에서 일정 연령에 도달한 소년소녀에게 그 사회의 구성원으로 필요한 규칙·규범·가치, 부족의 생활에 필요한 기술·지식 등을 가르친 것이 **성년의식**이다.
■**영고** : 부여에서 매년 12월에 행하던 제천 행사
■**무천** : 동예에서 매년 음력 10월에 하늘에 제사 지내고 높은 산에 올라가 놀던 행사
■**동맹** : 고구려에서 매년 10월에 열던 추수 감사제이자 국중대회

필수문제

01 보기에서 설명하는 의례는?

보기
» 부족의 신화를 계승하는 춤을 익혔다.
» 식량 확보를 위한 수렵과 채집 활동을 하였다.
» 『삼국지』의 「위지동이전」에 '큰사람'으로 부른 기록이 있다.

① 영고(迎鼓) ② 성년의식(成年儀式)
③ 동맹(東盟) ④ 무천(舞天)

심화문제

02 부족국가시대 신체문화의 모습이 아닌 것은?

① 제천행사 ② 성인식 ③ 체육대회 ④ 궁술

■**부족국가별 제천행사의 이름**
· 고구려–동맹 : 천제대회
· 신라–가배
· 부여–영고 : 국중대회
· 동예 – 무천
· 마한 – 10월제

필수문제

03 부족국가와 삼국시대의 신체활동이 포함된 제천의식에 관한 설명으로 옳지 않은 것은?

① 신라 - 가배 ② 부여 - 동맹 ③ 동예-무천 ④ 마한- 10월제

심화문제

04 보기의 ㉠, ㉡에 들어갈 알맞은 용어는?

보기
선사시대에는 애니미즘(animism, 만유정령설)에 대한 믿음을 바탕으로 놀이와 신체활동이 포함된 제천의식을 시행하였다. 부족국가와 삼국시대의 제천의식으로는 부여의 영고, 동예의 무천, 고구려의 (㉠), 신라의 (㉡)이/가 있었다.

■부족국가별 제천행사는 고구려의 동맹, 신라의 가배, 부여의 영고, 동예의 무천, 마한의 10월제이다.

	㉠	㉡
①	가배	동맹
②	동맹	10월제
③	동맹	가배
④	가배	10월제

정답 01 : ②, 02 : ③, 03 : ②, 04 : ③

필수문제

05 부족국가시대의 저포(樗蒲)에 관한 설명으로 옳은 것은?

① 위기(圍碁)라는 용어로 불리기도 하였다.
② 제천의식과 관련된 대표적인 민속놀이였다.
③ 두 사람이 서로 맞잡고 힘을 겨루는 경기였다.
④ 달리는 말 위에서 여러 가지 동작을 행하는 경기였다.

■ 저(가죽나무)와 포(부들)의 열매로 만든 주사위를 던져서 그 사위(貴采 : 주사위나 윷놀이에서 목적한 끗수)로 승부를 다투는 놀이(윷놀이)

심화문제

06 보기에서 설명하고 있는 부족국가 시대의 민속스포츠는?

> 보기
> » 여러 사람이 모여 즐기던 놀이 중 하나로 지금까지 행해지고 있다.
> » 저포라는 용어로 지칭되었다.
> » 다섯 개(현재 4개)의 나무막대기를 이용하여 승부를 겨루는 놀이이다.

① 윷놀이 ② 투호 ③ 추천 ④ 수박

■ 보기는 삼국시대 민속놀이의 하나인 윷놀이(저포)에 대한 설명이다.
■ **투호** : 일정 거리에 놓인 항아리에 화살을 던져 넣는 놀이
■ **추천** : 그네뛰기
■ **수박** : 맨손과 발을 이용한 격투기

07 보기에서 설명하는 민속놀이는?

> 보기
> » 사희(柶戲)라고도 불리었다.
> » 부여의 사출도(四出道)라는 관직명에서 유래되었다.
> » 남녀노소 누구나 즐길 수 있으며, 장소에 크게 구애받지 않은 놀이였다.

① 바둑 ② 장기 ③ 윷놀이 ④ 주사위

■ 윷놀이는 사희(柶戲), 척사희(擲柶戲), 저포(樗蒲)로 불렸다.

필수문제

08 보기에서 설명하는 부족국가시대의 신체활동은?

> 보기
> » 두 사람이 맨손으로 허리의 띠를 맞잡고 힘과 기를 겨루어 넘어뜨리는 경기이다.
> » 현재 국가무형문화재 제131호로 지정되었다.

① 수박(手搏) ② 각저(角秪) ③ 격검(擊劍) ④ 사예(射藝)

■ 씨름을 각저, 권법을 수박이라 하였다.

정답 05 : ②, 06 : ①, 07 : ③, 08 : ②

필수문제

09 부족국가 시대의 신체활동에 대한 설명으로 옳지 않은 것은?

① 제천행사와 민속놀이가 있었다.
② 교육적 신체활동으로 궁술과 기마술이 있었다.
③ 생존과 연관된 사냥 활동이 있었다.
④ 신체미 숭배사상이 제천의식의 목적이었다.

■부족국가의 제천의식은 부족 전체의 행사로서 농공의 소원을 기원하고, 그 수확에 감사하는 의식이었다.

심화문제

10 선사 · 부족국가시대의 체육활동과 관련된 것을 짝지은 것이다. 잘못 짝지어진 것은?

① 반구대의 암각화-수렵, 어로　② 고구려의 주몽-활
③ 무당-사머니즘　④ 성년의식-군량 부담

■성년의식을 통과하면 큰사람이라고 하였다. 군량을 부담한 사람은 하호였다.

11 선사시대 신체활동의 특징으로 올바른 것은?

① 식량 획득의 수단이자 몸을 지키는 전투기술이었다.
② 신체건강을 유지하는 수단이었다.
③ 인간성 회복을 위한 체육활동이었다.
④ 다양한 스포츠활동을 즐겼다.

필수문제

12 보기의 괄호 안에 들어갈 용어는?

보기
삼국시대에는 오늘날 체육의 한 유형인 각종 무예 교육이 시행되었다. 고구려의 대표적인 무예는 (㉠)과 궁술이다. 평민층 교육기관인 경당의 주된 교육내용은 경서 암송과 (㉡)이다.

① ㉠ 기마술, ㉡ 궁술　② ㉠ 기창, ㉡ 수박
③ ㉠ 기창, ㉡ 축국　④ ㉠ 기마술, ㉡ 방응

■**기마술과 궁술** : 삼국시대의 무예인 기마술과 궁술은 고려시대로 이어졌다.
■**기창** : 말을 타고 창으로 목표물 찌르기
■**방응** : 매를 훈련시켜 사냥하는 것
■**축국** : 가죽으로 만든 공을 발로 차는 게임

정답 09 : ④, 10 : ④, 11 : ①, 12 : ①

필수문제

13 보기의 ㉠에 해당하는 용어는?

보기

『구당서(舊唐書)』에 따르면, “고구려의 풍속은 책 읽기를 좋아하며, 허름한 서민의 집에 이르기까지 거리에 큰 집을 지어 이를 (㉠)이라고 하고, 미혼의 자제들이 여기에서 밤낮으로 독서하고 활쏘기를 익힌다.”라고 되어 있다.

① 태학 ② 경당 ③ 향교 ④ 학당

■ ② 경당 : 고구려 때 각 지방에 설립한 사학기관으로, 평민층의 미혼 남녀에게 경학(經學)과 문학, 무예를 가르친 곳
■ ① 태학 : 고구려의 교육기관. 귀족 자제를 교육하여 관리 양성을 목적으로 함.
■ ③ 향교 : 고려 · 조선시대 지방에 설치된 교육기관. 유학의 전파와 지방민 교화를 목적으로 함.
■ ④ 학당 : 지방의 향교와 유사한 교육기관.

심화문제

14 다음 중 삼국시대 교육단체 및 기관의 연결이 잘못된 것은?

① 백제 – 국학 ② 신라 – 화랑도
③ 고구려 – 태학 ④ 고구려 – 경당

■ 백제의 교육제도는 박사제도이다.

15 삼국시대에 행해졌던 무예에 대한 내용으로 바르지 않은 것은?

① 방응(放應)
② 수박(手搏)
③ 마상재(馬上才)
④ 삼국시대의 무예는 교육적 목적으로 인정받지 못하였다.

■ 삼국시대의 무예는 교육적 목적으로 인정받았다.

16 국토를 신성하고 존엄하게 생각하며, 목숨을 걸어서라도 국토를 지켜내야 한다는 사상은?

① 불국토 사상 ② 제국주의 사상
③ 국가주의 사상 ④ 향토주의 사상

■ 불국토사상은 이 땅이 곧 불국토(佛國土)라는 것을 믿고 강조한 신라 특유의 불교관을 말한다.

필수문제

17 삼국시대 민속놀이의 명칭이 바르게 연결된 것은?

① 석전(石戰) – 제기차기 ② 마상재(馬上才) – 널뛰기
③ 방응(放鷹) – 매사냥 ④ 수박(手搏) – 장기

■ 석전 : 돌팔매 싸움
■ 마상재 : 말 위에서 재주 부리는 것
■ 수박 : 맨손과 발로 하는 격투기

정답 13 : ②, 14 : ①, 15 : ④, 16 : ①, 17 : ③

필수문제

18 보기는 삼국시대의 유희 · 오락을 설명한 것이다. 그 이름이 옳은 것은?

보기
㉠ 가죽주머니로 공을 만들어서 차는 놀이
㉡ 변전, 편전, 편쌈이라고도 한다.
㉢ 매사냥이다.
㉣ 오늘날의 씨름과 유사하다.

① 수박－각저－석전－방응
② 격구－석전－방응－각저
③ 축국－석전－방응－각저
④ 격구－수박－각저－방응

■㉠은 축국, ㉡은 석전, ㉢은 방응, ㉣은 각저

심화문제

19 보기에서 설명하는 신체활동은?

보기
» 가죽 주머니로 공을 만들어 발로 차는 놀이였다.
» 한 명, 두 명, 열 명 등 다양한 형식으로 실시되었다.
» 〈삼국사기(三國史記)〉와 〈삼국유사(三國遺事)〉에 따르면 김유신과 김춘추가 이 신체활동을 하였다.

① 석전(石戰)
② 축국(蹴鞠)
③ 각저(角抵)
④ 도판희(跳板戱)

20 보기에서 민속놀이와 주요 활동 계층이 바르게 연결된 것으로만 묶인 것은?

보기
㉠풍연(風鳶) －귀족
㉡격구(擊毬)－서민
㉢방응(放鷹) －귀족
㉣추천(鞦韆)－서민

① ㉠, ㉡
② ㉢, ㉣
③ ㉠, ㉣
④ ㉡, ㉢

■㉠ 풍연(연날리기) － 서민
■㉡ 격구(폴로 또는 필드하키) － 귀족
■㉢ 방응(매사냥) － 귀족
■㉣ 추천(그네타기) － 서민

21 삼국시대 민속놀이에 대한 설명으로 옳은 것은?

① 저포(樗蒲)는 나무로 만든 막대기(주사위)를 던져서 승부를 겨루는 놀이이다.
② 축국(蹴鞠)은 말 위에서 여러 동작을 보이는 것이다.
③ 추천(鞦韆)은 화살 같은 막대기를 일정한 거리에서 항아리나 병 안에 넣는 놀이이다.
④ 투호(投壺)는 동편과 서편으로 나누어 돌팔매질 방법으로 승부를 겨루는 놀이이다.

■축국은 공차기, 추천은 그네타기, 투호는 화살을 항아리에 던져넣기이다.

정답 18 : ③, 19 : ②, 20 : ②, 21 : ①

22 삼국시대 여자놀이의 하나로 축판희, 도판희(跳板戱) 등으로 불리어진 놀이는?

① 숨바꼭질 ② 널뛰기
③ 술래잡기 ④ 그네뛰기

■ 도판희는 판자 위에서 뛰는 놀이이다. 널뛰기를 축판희 또는 도판희라고 하였다.

23 삼국시대 민속스포츠에 대한 설명으로 옳은 것은?

① 쌍륙(雙六) – 공을 발로 차던 공차기 놀이임
② 축국(蹴鞠) – 변전, 편전, 편쌈이라고 도 함
③ 각저(角抵) – 말을 타고 숟가락처럼 생긴 막대기로 공을 쳐서 상대방의 문에 넣는 놀이임
④ 마상재(馬上才) – 말 위에서 여러 동작을 보이는 것으로 곡마, 말놀음, 말광대라고도 함

24 삼국시대 민속놀이에 대한 설명으로 옳은 것은?

① 윷놀이는 두 사람이 맞잡고 힘을 겨루는 경기이다.
② 장기는 나무 막대로 만든 주사위를 던져서 승부를 겨루는 놀이이다.
③ 마상재는 화살 같은 막대기를 일정한 거리에서 항아리나 병 안에 넣는 놀이이다.
④ 방응은 사나운 매를 길러 꿩이나 새를 사냥하는 일종의 수렵활동이다.

25 삼국시대에 시행된 민속스포츠에 대한 설명으로 옳은 것은?

① 격구 : 돌팔매질을 하여 승부를 겨룬다.
② 축국 : 매를 길들여 사냥한다.
③ 각저 : 두 사람이 맞잡고 힘을 겨룬다.
④ 방응 : 막대기로 공을 쳐서 상대편의 문에 넣는다.

■ ①은 석전, ②는 방응, ④는 격구에 관한 설명이다.

26 삼국시대의 편력에 대한 설명으로 바르지 않은 것은?

① 편력은 석전이다.
② 편력은 야외활동이다.
③ 편력은 화랑도의 교육방식이다.
④ 편력은 음악과 신체활동을 포함하고 있다.

■ 편력은 산속에 들어가 신체적 고행을 통해서 신체와 정신을 강화하고, 영적인 힘을 얻고자 했던 화랑도의 수련활동이다.

정답 22 : ②, 23 : ④, 24 : ④, 25 : ③, 26 : ①

■주행천하는 명산대천을 순례하며 군사적인 수련과 심신수련을 하는 것이고, 기사는 말을 타고 달리면서 활을 쏘는 것이다.

27 **산 속에 들어가 신체적 고행을 통해서 신체와 정신을 강화하고, 영적인 힘을 얻고자 했던 수련활동은?**

① 주행천하 ② 입산수행
③ 편력 ④ 기사

28 **보기의 괄호 안에 들어갈 공통된 용어는?**

보기
삼국시대에는 무사훈련을 위해 기마술과 (   )을/를 매우 중요시하였다. 고구려의 경당에서는 (   )을/를 교육하였으며, 백제 또한 (   )을/를 임금이나 백성이 갖추어야 할 중요한 자질의 하나로 취급하였다.

① 검술 ② 축국
③ 활쏘기 ④ 각저

■㉠ 화랑도는 신라 진흥왕 때 종래의 화랑제도를 개편하여 체계화시켰음.

필수문제

29 **보기에서 화랑도에 관한 설명으로 옳은 것만을 모두 고른 것은?**

보기
㉠ 법흥왕 때에 종래 화랑도 제도를 개편하여 체계화되었다.
㉡ 한국의 전통사상과 세속오계(世俗五戒)를 근간으로 두었다.
㉢ 국선도(國仙徒), 풍류도(風流徒), 원화도(源花徒)라고도 불리었다.
㉣ 편력(遍歷), 입산수행(入山修行), 주행천하(周行天下) 등의 활동을 했다.

① ㉠, ㉡ ② ㉡, ㉢
③ ㉠, ㉡, ㉣ ④ ㉡, ㉢, ㉣

■**세속오계** : 신라 진평왕 때 승려 원광이 화랑들에게 일러준 다섯 가지 계율
· 사군이충(事君以忠)
· 사친이효(事親以孝)
· 교우이신(交友以信)
· 임전무퇴(臨戰無退)
· 살생유택(殺生有擇)

필수문제

30 **신라 화랑도의 세속오계(世俗五戒)에 해당하는 것은?**

① 부자유친(父子有親) ② 사군이충(事君以忠)
③ 장유유서(長幼有序) ④ 붕우유신(朋友有信)

정답 27 : ③, 28 : ③, 29 : ④, 30 : ②

심화문제

31 보기에서 설명하는 화랑도의 정신은?

보기
» 사군이충(事君以忠) : 충성심으로 임금을 섬김
» 사친이효(事親以孝) : 효심으로 부모를 섬김
» 교우이신(交友以信) : 신의를 바탕으로 벗을 사귐
» 살생유택(殺生有擇) : 생명체를 함부로 죽이지 않음
» 임전무퇴(臨戰無退) : 전쟁에 임할 때는 후퇴를 삼가함

① 삼강오륜(三綱五倫)　② 사단칠정(四端七情)
③ 세속오계(世俗五戒)　④ 문무겸비(文武兼備)

■ 삼강
· 군위신강(君爲臣綱)
· 부위자강(父爲子綱)
· 부위부강(夫爲婦綱)
■ 오륜
· 부자유친(父子有親)
· 군신유의(君臣有義)
· 부부유별(夫婦有別)
· 장유유서(長幼有序)
· 붕우유신(朋友有信)
■ 사단(四端) : 맹자가 실천도덕의 근간으로 삼은 것
· 측은지심(惻隱之心)
· 수오지심(羞惡之心)
· 사양지심(辭讓之心)
· 시비지심(是非之心)
■ 칠정(七情) : 《예기》와 《중용》에 나오는 희(喜), 노(怒), 애(哀), 구(懼), 애(愛), 오(惡), 욕(慾)을 말함.

32 보기의 괄호 안에 들어갈 용어는?

보기
신라 화랑은 야외활동을 통해서 호연지기를 함양하고, (㉠)에 대한 신성함과 존엄성을 교육받았다. 이를 (㉡)이라고 한다.

① ㉠ 편력, ㉡ 신체미 숭배 사상　② ㉠ 풍류, ㉡ 심신일체론 사상
③ ㉠ 국선, ㉡ 세속오계 사상　④ ㉠ 국토, ㉡ 불국토 사상

■ 신라 화랑들이 받은 국토에 대한 '신성함'과 '존엄성'에 대한 교육이 **'불국토 사상'**이다.

33 화랑도의 교육방법에 관한 설명으로 옳지 않은 것은?

① 입산수행은 화랑도 교육활동의 하나였다.
② 심신일체론적 사상을 바탕으로 전인 교육을 지향하였다.
③ 편력(遍歷)은 명산대천을 돌아다니며 수련하는 야외활동이었다.
④ 삼강오륜(三綱五倫)의 붕우유신(朋友有信)을 바탕으로 도의 교육을 실시하였다.

■ 화랑도는 세속오계에 바탕을 두고 문무겸전 인재양성을 목적으로 교육하였다.

34 신라 화랑의 체육사상으로 옳지 않은 것은?

① 신체의 미(美)와 탁월성을 중시하였다.
② 불국토사상은 편력활동과 연계되었다.
③ 신체관은 심신일체론에 바탕을 두었다.
④ 임전무퇴는 개인을 위한 계율이었다.

■ 임전무퇴는 어떠한 어려움이 있더라도 기어이 싸운다는 뜻으로, 국가를 위하여 목숨 바쳐 싸운다는 의미이다.

정답 31 : ③, 32 : ④, 33 : ④, 34 : ④

35 보기에서 설명하는 화랑도의 신체활동은?

> 보기
> 신라 화랑들은 명산대천(名山大川)을 두루 돌아다니며 야외활동의 과정에서 시(詩)와 음악을 비롯한 각종 신체수련 활동을 하였다.

■ 수렵은 짐승사냥이 목적이다.
■ 편력(p. 9 참조)

① 기마술(騎馬術) ② 궁술(弓術) ③ 편력(遍歷) ④ 수렵(狩獵)

36 화랑도(花郞徒)에 대한 설명으로 옳지 않은 것은?

■ 원효대사가 아니라 원광법사가 세속오계를 만들었다.

① 원효(元曉)의 세속오계(世俗五戒)를 기본 정신으로 하고 있다.
② 단체생활을 통해 심신을 연마하였다.
③ 편력(遍歷)이라는 야외교육 활동을 수행하였다.
④ 풍류도(風流徒), 국선도(國仙徒), 원화도(源花徒)라고도 하였다.

37 신라의 화랑도에 대한 내용으로 올바르지 않은 것은?

■ 활인심방은 퇴계 이황이 저술하였다.

① 귀족자제들이 참여하였다.
② 심신의 조화로운 인간상을 지향하였다.
③ 활인심방이라는 보건체조를 실시하였다.
④ 무예수련을 통해 인재를 양성하였다.

38 화랑도에 관한 설명으로 옳지 않은 것은?

■ 화랑도는 귀족 출신의 청소년들을 훈련시켰다.

① 진흥왕 때에 조직이 체계화되었다.
② 세속오계는 도의교육(道義教育)의 핵심이었다.
③ 신체미 숭배 사상, 국가주의 사상, 불국토 사상이 중시되었다.
④ 서민층만을 대상으로 한 청소년단체로서 문무겸전(文武兼全)을 추구하였다.

39 신라시대 화랑도에 대한 설명으로 맞지 않은 것은?

■ ② 서민을 대상으로 경학과 무예를 가르친 곳은 고구려의 경당이다.

① 세속오계(世俗五戒)
② 서민을 대상으로 경서와 활쏘기를 익히는 교육목적 수행
③ 심신일원론적 사상에 기반한 전인교육 지향
④ 편력이라는 야외교육활동 수행

정답 35 : ③, 36 : ①, 37 : ③, 38 : ④, 39 : ②

CHAPTER 03

고려시대와 조선시대의 체육

고려시대의 사회 특성

☞ 고려는 호족들이 연합하여 구성한 국가였으며, 과거제도를 도입하였다.

☞ 불교는 수신의 도, 유교는 치국의 도였다.

☞ 금속활자를 발명하였고, 도자기 기술이 발달하여 고려청자 등을 만들었다.

☞ 저술활동이 활발하여 삼국사기와 같은 역사책을 썼다.

☞ 초기에는 무신들이 득세하였으나, 전체적으로는 무반을 천시하고 문반을 우대하였다.

☞ 상류층은 호족, 중류층은 군인, 하류층은 평민이었고, 맨 밑의 계급은 천민과 노예였다.

고려시대의 교육제도

1 국자감

☞ 최고의 교육기관으로 개경에 있었고, 7재를 가르쳤다.

☞ 1재에서 6재까지는 유학을 가르쳤고, 7재인 강예재는 무예를 가르쳤다.

☞ 6개의 학과인 6학이 있었다.

☞ 국자학, 태학, 사문학은 유학을 가르치는 학과였다.

☞ 율학, 서학, 산학은 실무직 기술을 가르치는 학과였다.

☞ 국자학은 3품 이상의 자손, 태학은 5품 이상의 자손, 사문학은 7품 이상의 자손, 기술학과에는 8품과 서민의 자손을 입학시켰다.

2 향교

☞ 지방의 군 단위까지 있던 교육기관. 유학의 전파와 지방민의 교화가 목적이었다.

☞ 유교의 경전을 주로 가르쳤고, 8품과 서민을 입학시켰다.

3 학당

☞ 국자감의 부속학교 형태였으므로 문묘를 설치하지 않았다.

☞ 개경에 동부학당과 서부학당이 있었고, 지방에 있는 향교와 같은 수준의 교육기관이었다. 즉, 개경에 사는 서민들의 자손들을 공부시키려고 만든 학교이다.

☞ 고려 말에는 동부/서부/남부/북부/중부의 5부 학당을 설립하려 했으나 북부학당은 설립하지 못하였다.

4 도

☞ 문과에 급제하여 관직에 있던 사람들이 은퇴한 후에 후학을 가르치기 위해서 사비로 세운 학교이다. 전국에 12개의 도가 있었기 때문에 보통 '12도'라고 한다.

☞ 관립 교육기관인 국자감과 향교가 부진하였고, 도를 세운 사람들은 권위가 있고 학생들을 잘 가르쳤기 때문에 도가 성행하였다.

5 서당

☞ 고구려의 지방 사립학교였던 경당이 이어진 것으로 추정된다.

☞ 서민의 자손들이 서당에서 공부하였다.

☞ 국자감, 향교, 학당은 정부에서 세운 관립학교이었고, 도와 서당은 사립학교였다.

6 문묘

☞ 공자나 맹자 같은 중국의 유명한 유교학자와 우리나라에서 유명한 유교학자들의 위페를 모셔놓고 봄/가을로 제사를 지내던 곳. 학생들이 본을 보아서 공부를 열심히 하라는 뜻으로 당시의 국자감이나 향교에 설치하였다.

고려의 과거제도

과거제도는 시험을 보아서 관리를 뽑는 제도로, 우리나라와 중국에만 있었던 제도

▶ 과거시험의 종류

제술업	현재의 논술고사와 비슷한 것으로, 시 쓰기나 글짓기 시험으로 선발하였고, 합격자는 진사라고 불렀다. 고급관리로 등용하였다.
명경업	유교의 경전 내용을 시험으로 보았고, 합격자는 중급관리가 되었다.
잡업	기술관을 뽑는 시험이었다.

㉧ 제술업과 명경업이 문관을 뽑는 시험이었지만, 활쏘기와 말타기도 시험을 보았다. 그래서 고려시대에는 문과에 합격한 사람을 장군(장수)으로 임명하는 경우도 많았다.

고려시대의 체육

강예재	국자감에서 무예를 가르쳐서 장수로 등용한 것으로 추정된다.
향사례	지방에 있는 향교에서 그 지방사람 중에서 효(孝) · 제(悌) · 충(忠) · 신(信)[효도 · 우애 · 충성 · 신의]하고 예의를 좋아하는 사람을 봄과 가을에 모셔다가 서로 인사하고, 술 마시고, 활을 쏘고, 노래하며 즐기던 행사. 마을 사람들과 학생들에게 존경심을 길러주고 본받게 하려는 것이 목적이었다.

무예체육

수박	일종의 격투기로 관람을 위한 경기로 행해졌다, 무인들에게 적극적으로 권장되었다. 경기에서 이긴 사람에게 관직을 주기도 했다.
궁술	삼국시대의 전통이 이어져 왔다. 무인은 물론이고 문인도 심신수양과 인격도야의 한 방법으로 중하게 여겼다.
마상재	말을 타고 여러 가지 자세나 재주를 보여주는 것. 말타기는 6가지 예절 중 하나인 어(御)로 군자의 덕목 중 하나였다.
격구	페르시아의 폴로에서 유래되었다고 하나 우리나라에서는 신라시대부터 이미 행해진 것으로 알려져 있다. 고려시대에는 말타기를 익히기 위한 수단으로 장려되었고, 무인과 귀족들이 말을 타고 넓은 구장에서 경기를 했다.

고려시대의 민속놀이와 오락

각종 무예에 경기적인 요소를 가미시켜서 관람용 놀이나 민속놀이로 발전시켰다.

격구	페르시아의 폴로에서 유래되었다고 하나 우리나라에서는 신라시대부터 이미 행해진 것으로 알려져 있다. 고려시대에는 말타기를 익히기 위한 수단으로 장려되었고, 무인과 귀족들이 말을 타고 넓은 구장에서 경기를 했다.
방응(매사냥)	신라시대부터 행해졌고 고려시대에는 아주 성행하였다. 왕이나 귀족들의 오락 겸 스포츠였다.
투호	손으로 화살을 던져서 항아리 안에 넣는 경기. 왕실과 귀족사회의 놀이였다.
축국	발로 공을 차는 경기. 오늘날의 축구와 유사하다.
각저(씨름)	삼국시대부터 행해져오던 민속경기. 각력, 상박, 각희 등으로 불렸다.
추천(그네타기)	단오절에 주로 서민들이 하던 놀이였다.
풍연(연날리기)	삼국시대부터 군사적 목적이나 놀이로서 행해져 왔다.
석전(돌팔매 싸움)	척석희라고도 한다.
쌍륙	2개의 주사위를 던져서 하는 놀이

조선시대의 사회 특성

- 불교를 배척하고 유교를 숭상하는 배불숭유를 국가이념으로 하였다.
- 주자가 쓴 가정에서 지켜야 할 예법서인 주자가례를 국민의 규범으로 삼았고, 삼강오륜은 도덕적 법칙으로 여겼다.
- 모든 국민이 병역의 의무를 지는 병농일치 제도를 근간으로 하였으므로 양인 이상은 모두 병역의무가 있었다. 평소에도 무예를 연마하고 무기를 집에 가지고 있도록 하였다.
- 신분은 크게 왕족, 양인, 천민으로 나뉘었다.
- 양인은 다시 양반, 중인, 상인(常人, 서민)으로 나뉘었다.
- 중인은 의원과 (통)역관 등 전문직 종사자와 관청에서 일하는 사람들이었다.
- 상인은 농업, 어업, 상업, 수공업에 종사하는 사람들이었다.
- 노비와 백정과 같이 천한 일에 종사 하는 사람들이 천민이었다.

조선시대의 교육제도

1 유학교육

성균관	고려시대의 국자감과 같이 성균관에서 사서오경 등 경전을 가르쳤다.
4부 학당	서울에 설치한 중등교육기관으로, 고려시대의 5부학당과 비슷함.
향교	지방에 설치한 중등교육기관
서당	지방에 설치한 초등교육기관
서원	고려의 12도와 비슷한 사립교육기관

2 무학교육

☞ 훈련원……병사들을 훈련시키기 위해 설치된 관서. 주임무는 시취와 연무임.
- ⓐ 시취 : 무과시험 주관
- ⓐ 연무 : 군사력의 유지 · 발전을 위한 일

☞ 사 정……활쏘기 연습장
- ⓐ 관설사정 : 영 · 주 · 부 · 목 · 군 · 현의 소재지에 설치된 장대, 연무대, 관덕정 등
- ⓐ 민간사정(사설 사정) : 풍소정, 등룡정, 등과정, 운룡정 등

3 기술교육(잡과교육)

☞ 기술교육기관……역과(통역), 율과(법률), 의과(의학), 음양과(천문학) 등

조선시대의 과거제도

1 문과 과거제도

소과	사서오경으로 시험하는 생원과와, 문장으로 시험하는 진사과가 있었다. 사부학당과 향교에서 소과의 첫 번째 시험인 초시를 보았다. 초시에 합격하면 서울에 모여서 두 번째 시험인 복시를 치렀다. 복시에 합격한 사람을 생원 또는 진사라고 불렀고, 진사가 되어야 성균관 입학시험 응시자격을 주었다.
대과	성균관에서 공부를 마친 학생들에게 대과에 응시할 수 있는 자격을 주었다. 대과의 시험은 초시, 복시, 전시 3단계로 치렀다. 전시의 성적에 따라 갑, 을, 병으로 분류하여 벼슬을 주었다.

2 무과 과거제도

☞ 3년마다 정규적으로 실시되는 식년무과와, 비정기적으로 실시하는 증광시, 별시, 정시 등이 있었다.

☞ 식년무과는 초시, 복시, 전시 3단계의 시험을 통해서 선발했다.

☞ 무과시험은 필기시험인 강서와 실기시험인 무예시험으로 구성되었다.

☞ 무예시험은 활쏘기(목전, 철전, 편전), 말 타기(기사, 기창), 격구가 있었다.

☞ 초시에는 무예시험만 보았고, 복시에는 강서시험과 무예시험을 모두 보았다.

조선시대의 체육

활쏘기	활쏘기는 무인에게는 시험과목으로, 문인에게는 덕을 함양하는 수단이었다. 성균관에서는 대사례, 지방에서는 향사례에서 활쏘기 시합을 하였다. 사정을 중심으로 이루어진 활쏘기 단체전(5인 이상)을 편사(편을 나누어서 하는 활쏘기 경기)라고 하였다.
격방	고려시대에 말을 타고 하던 것은 격구이고, 오늘날의 골프처럼 막대기로 공을 쳐서 구멍에 넣는 것은 격방이다.
방응과 투호	고려시대에 이어서 조선에서도 하였으며 귀족 스포츠가 되었다.
활인심방	퇴계 이황이 저술한 양생서[양생(養生) – 오늘날의 보건 또는 위생에 해당되는 개념을 조선시대에는 양생법이라 했다.]

조선시대의 무예

궁술	무예시험에서 활쏘기가 4종목이나 있었다.
격구	고려시대에는 귀족들의 놀이였으나 조선시대에는 무과시험의 시험과목이 되었다.
수박희	군인을 선발하는 시험과목이었다.

조선시대의 무술서

무예도보통지	정조의 명에 의해서 만든 책이다. 무예를 그림으로(圖譜) 가르쳐주는 책(通志)이라는 뜻이다. 24가지 무예가 있고, 활쏘기는 없다. 이유는 너무 활쏘기만 장려해서 왜적에게 패했다고 생각하였기 때문이다.
임원경제지	서유구가 저술한 책으로 조선 후기에 농업정책과 자급자족의 경제론을 편 실학적 농촌경제 정책서이다. 규장각도서로 16부분으로 나뉘어 있기 때문에 임원십육지 또는 임원경제십육지라고도 한다. 활쏘기를 과학적으로 설명한 내용이 있다.

조선시대의 민속놀이와 오락

조선시대에는 풍년을 기원하는 의례(기풍의례) 때 여러 가지 민속놀이가 행해졌다.

씨름	서민층의 민속놀이도 되었고, 군사들을 훈련시키는 방법으로도 이용되었다.
석전	정월 대보름, 사월초파일, 단오절에 주로 행해졌다. 풍속으로, 무예로, 구경거리로, 운동경기로 이용되었다.
연날리기	섣달그믐 무렵부터 정월보름까지 노소를 가리지 않고 행했다.
기타	줄다리기, 널뛰기, 그네뛰기, 윷놀이, 차전놀이 등

조선시대의 오락

장치기	긴 막대(장)로 나무를 깎아 만든 공을 쳐서 상대편의 문 안에 넣는 경기
종정도놀이	종이로 만든 말판 위에 조선시대의 관직명을 품과 종에 따라 순서대로 적어놓고, 박달나무를 5각으로 깎아 만든 알을 던져서 나오는 글 자에 따라 관직이 올라가거나 내려가는 놀이. 승정도, 종경도, 승경도라고도 한다.
기타	고누, 바둑, 장기, 제기차기, 팽이 돌리기, 썰매, 줄넘기 등

필수 및 심화 문제

필수문제

■ **관학**으로는 중앙에 국자감, 지방에 향교가 있었다. 학당은 순수한 유학교육기관으로 서민을 위한 교유기관이었으며 중앙에 있었다.
■ **국자감**에서 7재를 가르쳤고, 6학4계급이 있었다.

01 고려시대의 교육에 관한 내용이다. 옳은 것은?

① 관학은 중앙에 국자감, 지방에 향교가 있었다.
② 국자감과 향교는 중앙에 있던 관학이었다.
③ 지방에는 학당이 있었다.
④ 향교에는 7재라는 전문 강좌와 6학4계급이 있었다.

심화문제

02 고려시대의 사립교육기관인 12도에 대한 설명이다. 옳지 못한 것은?

■ 문과에 장원급제한 최충이 최초로 최공도(문헌공도)를 세웠다.

① 당시에 유명했던 12개의 사학을 총칭해서 12도라고 한다.
② 관학인 국자감이 부진했기 때문에 12도가 발전하였다.
③ 과거 출신의 권위자들이 지도하였기 때문에 과거지망생들이 몰려들었다.
④ 무과에 장원급제한 무사가 최초로 설립하였다.

■ 관학으로 국자감, 향교, 학당을 설립하였으나 사학인 12도에 밀려서 관학이 활발하게 발달하지 못하였다.

03 고려시대 교육의 특징이라고 할 수 없는 것은?

① 관학의 발달　② 사학의 발달
③ 유교적 정치이념　④ 문치주의 교육

04 고려시대 지방 교육기관으로서 궁사와 음악 교육 등이 이루어졌던 곳은?

① 향학　② 7재　③ 학당　④ 국학

■ 서당은 사학(사립학교)이다.

05 다음 중 고려시대의 관학(관립학교)이 아닌 것은?

① 국자감　② 향교　③ 학당　④ 서당

06 고려시대의 대표적인 국립교육기관으로 7재에 강예재를 두어 무예를 실시하였던 기관은?

① 국자감　② 서당　③ 서원　④ 성균관

정답 01 : ①, 02 : ④, 03 : ①, 04 : ①, 05 : ④, 06 : ①

필수문제

07 보기는 고려시대의 체육을 설명한 것들이다. 옳은 것만 모두 고른 것은?

보기
㉠ 국자감에 7재를 두었는데, 그중에서 무학을 공부하는 것이 강예재였다.
㉡ 강예재를 통해서 장수를 양성한 것으로 보인다.
㉢ 지방에서는 향사례가 봄, 가을 두 차례씩 열렸다.
㉣ 향사례에 초청되는 주빈은 그 지방의 관리였다.
㉤ 향사례에서 손님과 주인이 즐겨하되 예의를 엄중하게 하였다.

① ㉠, ㉡, ㉢, ㉤
② ㉠, ㉡, ㉢, ㉣, ㉤
③ ㉠, ㉡, ㉣
④ ㉡, ㉢, ㉣

■ ㉣ 향사례에 주빈으로 초청된 사람은 부모에게 효도하고, 형제 간에 우애가 있으며, 임금에게 충성하고, 친구 사이에 믿음이 있고, 예의를 좋아하는 사람이었다.

필수문제

08 보기의 ㉠, ㉡에 해당하는 고려시대 무예의 명칭이 바르게 연결된 것은?

보기
(㉠)은/는 고려시대 무인들에게 적극 권장되었으며, 명종(明宗, 1170~1197) 때에는 이 무예를 겨루게 하여 승자에게 벼슬을 주었다.
(㉡)은/는 유교를 치국의 도(道)로 삼았던 고려시대에도 6예의 어(御)에 속하는 것으로 군자의 중요한 덕목 중 하나였다.

	㉠	㉡
①	격구(擊毬)	수박(手搏)
②	수박(手搏)	마술(馬術)
③	마술(馬術)	궁술(弓術)
④	궁술(弓術)	방응(放鷹)

■ **수박** : 일종의 격투기로 무인들에게 적극적으로 권장되었으며, 명종 때는 이긴 사람에게 관직도 주었다.
■ **마술(마상재)** : 6가지 예절 중의 하나인 어(御)로, 군자의 덕목 중 하나였다.

심화문제

09 고려시대 수박(手搏)에 관한 설명으로 옳지 않은 것은

① 관람형 무예 경기로 성행되었다.
② 응방도감(鷹坊都監)에서 관장하였다.
③ 무인 선발의 기준과 수단이 되었다.
④ 무예 수련과 군사훈련 등의 목적으로 활용되었다.

■ **응방도감** : 고려 충렬왕 9년(1283년)에 설치된 매의 사육과 사냥을 맡은 관청

정답 07 : ①, 08 : ②, 09 : ②

■왕의 명령으로 수박을 하다가 대장군이 패하여 달아났다. 이에 문신이 대장군의 빰을 때렸는데, 그 사건을 계기로 정중부의 난이 일어났다.
■㉠과 ㉢은 씨름에 대한 설명이다.

10 보기에서 제시한 고려시대 수박(手搏)에 대한 설명 중 바르게 묶인 것은?

보기
㉠ 맨손으로 허리를 잡고 발을 이용하는 격투기이다.
㉡ 인재 선발을 위한 기준이 되었다.
㉢ 썰렘(SSulrem), 쎄기유(SSegiyu), 삼보(Sambo)라고도 한다.
㉣ 수박희는 무신 반란의 주요 원인 중 하나였다.

① ㉠, ㉡ ② ㉠, ㉣ ③ ㉡, ㉢ ④ ㉡, ㉣

11 고려시대의 무예에 대한 설명으로 옳지 않은 것은?

■무예도보통지는 조선 정조 때 만든 책이다.

① 수박희(手搏戲)는 무인 선발의 중요한 수단이었다.
② 무인정신은 충, 효, 의에 기반을 두었다.
③ 무예도보통지(武藝圖譜通志)가 편찬되었다.
④ 강예재(講藝齋)에서 무예를 장려하였다.

■고려시대 국자감에서는 여택재(주역), 대빙재(상서), 경덕재(모시), 구인재(주례), 복응재(대례, 예기), 양정재(춘추), 강예재(무예 : 장수 양성을 목적으로 함) 등 7재의 전문 강좌가 있었음. 그중 제1~6재는 유학재, 7재는 무학재라 하였음.

필수문제

12 고려시대의 무학(武學) 전문 강좌인 강예재(講藝齋)가 개설된 교육기관은?

① 국자감(國子監) ② 성균관(成均館)
③ 응방도감(鷹坊都監) ④ 오부학당(五部學堂)

심화문제

13 보기의 (   ) 안에 들어갈 용어는?

보기
고려시대 최고의 교육기관인 국자감에는 7재(七齋)를 두었는데, 그중 무학을 공부하는 (   )가 있었다. 이를 통해 고려의 관학에서는 무예교육이 중시되었음을 알 수 있다.

■국자감에서 1~6재는 유학을 가르쳤고, 7재인 강예재에서는 무예를 가르쳤다.

① 강예재(講藝齋) ② 대빙재(待聘齋) ③ 경덕재(經德齋) ④ 양정재(養正齋)

14 고려시대의 무예에 대한 설명으로 적절하지 않은 것은?

① 격구(擊毬)는 군사훈련 및 여가활동으로 성행하였다.
② 종합무예서인 『무예도보통지』가 편찬되었다.
③ 수박희(手搏戲)는 인재 선발을 위한 기준이 되었다.
④ 무학교육기관으로 강예재(講藝齋)가 있었다.

■무예도보통지는 조선 22대왕 정조의 명으로 만들어진 책

정답 10 : ④, 11 : ③, 12 : ①, 13 : ①, 14 : ②

필수문제

15 보기에서 고려시대 무예의 특징으로 옳은 것만을 모두 고른 것은?

보기
㉠ 격구(擊毬)는 군사훈련의 수단이었다.
㉡ 수박희(手搏戲)는 무인 인재 선발의 중요한 방법이었다.
㉢ 마술(馬術)은 육예(六藝) 중 어(御)에 속하며, 군자의 중요한 덕목 중 하나였다.
㉣ 궁술(弓術)은 문인과 무인의 심신 수양과 인격도야의 방법으로 중시되었다.

① ㉠ ② ㉡, ㉢ ③ ㉡, ㉢, ㉣ ④ ㉠, ㉡, ㉢, ㉣

■ 고려시대에 행해진 무술 또는 스포츠행사
· 격구
· 수박(희)
· 마술(마상재)
· 궁술

심화문제

16 보기에서 설명하는 고려시대의 무예는?

보기
» 무인집권시대에 인재 선발의 중요한 수단이었다.
» 맨손으로 치기, 주먹지르기 등의 기술을 사용하는 일종의 격투기였다.

① 궁술(弓術) ② 각저(角觝)
③ 수박(手搏) ④ 격구(擊毬)

■ 궁술, 각저, 격구는 조선시대의 무예이다.
■ 격구는 고려의 귀족들이 즐기던 민속놀이였다.

17 짝지어진 두 민속놀이가 서로 다른 것은?

① 씨름-수박 ② 줄다리기-삭전
③ 널뛰기-도판희 ④ 윷놀이-사희

■ 수박은 주먹으로 상대를 가격하는 격투기이고, 씨름은 상박 또는 각저(각력)라고 하며, 윷놀이는 사희 또는 척사희라고 하였다.

18 고려시대 체육을 바르지 못하게 설명하고 있는 것은?

① 기마술은 구기 경기로, 궁사는 내기 경기로, 수박은 관람용 경기로 변질되었다.
② 팔관회와 같은 불교행사가 있을 때 유희와 놀이가 많이 벌어졌다.
③ 국가에서 병사와 관료에게 궁술을 익히도록 장려하였다.
④ 격구는 고려의 귀족들이 아주 좋아했던 구기경기 또는 유희였다.

■ 팔관회는 금욕적 성격이 짙은 불교행사였기 때문에 유희나 놀이는 하지 않았다.

정답 15 : ④, 16 : ③, 17 : ①, 18 : ②

필수문제

19 고려시대 귀족의 민속놀이를 모두 고른 것은?

보기
㉠ 격구(擊毬) ㉡ 투호(投壺) ㉢ 방응(放鷹) ㉣ 풍연(風鳶)

① ㉠ ② ㉠, ㉡ ③ ㉠, ㉡, ㉢ ④ ㉠, ㉡, ㉢, ㉣

■풍연(연날리기)은 삼국시대부터 군사적 목적이나 놀이로 서민층에서 행해졌다.

심화문제

20 보기에서 설명하는 고려시대의 민속놀이는?

보기
» 단오절 행사에 여성들의 놀이로 인기가 있었다.
» 두 줄을 붙잡고 온몸을 흔들고 발의 탄력을 이용해 온몸을 마음껏 날려 보내는 놀이이다.

① 저포(樗蒲) ② 축국(蹴鞠) ③ 추천(鞦韆) ④ 풍연(風鳶)

■추천(그네타기)은 고려시대에 서민들이 단오절에 하던 놀이다.

21 보기에서 설명하는 민속놀이는?

보기
» 귀족들이 즐겼던 놀이이다.
» 매를 길들여 꿩 등의 조류를 사냥하였다.

① 추천(鞦韆) ② 각저(角抵) ③ 방응(放鷹) ④ 격구(擊毬)

■**추천(그네타기)** : 단오절에 주로 서민들이 하던 놀이
■**각저(씨름)** : 3국시대부터 행해오던 민속경기
■**격구** : 신라시대부터 행해진 말을 타고 하던 경기

22 고려시대의 석전에 대한 성격으로 옳지 않은 것은?

① 세시풍속의 민속스포츠이다. ② 군사훈련으로 활용되었다.
③ 관람스포츠의 형태를 지니기도 했다. ④ 심신단련 체조법이다.

■석전(돌팔매싸움)은 심신단련체조법이 아니다.

23 보기의 고려시대 격구(擊毬)에 관한 설명 중 옳은 것으로만 묶인 것은?

보기
㉠ 왕, 귀족, 무인들의 오락이나 스포츠로 발달했다.
㉡ 가죽주머니로 만든 공을 발로 차는 형식의 무예이다.
㉢ 말타기 능력의 향상 및 군사훈련을 위한 수단으로 활용되었다.
㉣ 서민들의 오락적 신체 활동으로 급속히 확산되었다.

① ㉠, ㉡ ② ㉠, ㉢ ③ ㉡, ㉣ ④ ㉢, ㉣

■격구는 신라시대부터 행해진 것으로, ㉠ 무인과 귀족들이 ㉢ 말타기를 익히기 위한 수단으로 장려되었다.

정답 19 : ③, 20 : ③, 21 : ③, 22 : ④, 23 : ②

24 고려시대 체육적 성격의 무예활동이 아닌 것은?

① 말타기 ② 활쏘기 ③ 수박 ④ 씨름

■ 씨름은 민속놀이

25 고려의 유희활동 중 귀족들의 사치로 인하여 대중스포츠가 되지 못한 것은?

① 격구(擊毬) ② 방응(放鷹) ③ 추천(鞦韆) ④ 수렵(狩獵)

■ 고려시대의 격구는 상류층이 즐기던 스포츠였다.

26 다음은 고려시대의 격구에 관한 내용이다. 옳지 않은 것은?

① 페르시아의 폴로에 기원을 두고 있다.
② 무예를 익히기 위한 훈련의 한 방법으로 축국과 함께 성행하였다.
③ 귀족이나 무인들의 오락이나 스포츠의 성격을 띠고 발달하였다.
④ 격렬한 신체운동이므로 여자와 내시는 하지 못하도록 금지시켰다.

■ 의종은 여자와 내시들도 격구를 하라고 명령하였고, 넓은 구정(격구를 하는 정원)을 건설하려고 민가를 허무는 폐해까지 있었다.

27 보기에서 고려시대 서민의 민속놀이를 모두 고른 것은?

보기		
㉠ 축국(蹴鞠)	㉡ 격구(擊毬)	㉢ 추천(鞦韆)
㉣ 투호(投壺)	㉤ 각저(角觝)	㉥ 방응(放鷹)

① ㉠, ㉢, ㉤ ② ㉡, ㉤, ㉥ ③ ㉢, ㉣, ㉥ ④ ㉣, ㉤, ㉥

■ 격구 · 투호 · 방응은 귀족이나 왕실의 놀이였다.

28 보기에서 설명하는 고려시대의 민속놀이는?

보기
» 단오절 행사에 여성들의 놀이로 인기가 있었다.
» 두 줄을 붙잡고 온몸을 흔들고 발의 탄력을 이용해 온몸을 마음껏 날려 보내는 놀이이다.

① 저포(樗蒲) ② 축국(蹴踘) ③ 추천(鞦韆) ④ 풍연(風鳶)

■ 추천(그네타기)은 고려시대에 서민들이 단오절에 하던 놀이다.

필수문제

29 조선시대의 신분제도에 대한 설명 중 옳지 못한 것은?

① 크게 왕족, 양인, 천민으로 나뉘었다.
② 양인은 다시 양반, 중인, 상인(서민)으로 나뉘었다.
③ 중인은 의원과 (통)역관 등 전문직 종사자와 관청에서 일하는 사람들이었다.
④ 상인(常人)은 농업, 어업, 상업에 종사하는 사람이었고, 수공업 종사자는 천민에 속하였다.

■ 수공업 종사자도 상인이었고, 노비와 백정 등 천한 일에 종사하는 사람들이 천민이었다.

정답 24 : ④, 25 : ①, 26 : ④, 27 : ①, 28 : ③, 29 : ④

■**승문천무** : '글을 숭상하고 무력을 천시한다'는 뜻. 조선시대는 성리학과 유교주의적 특성으로 인해 문과에 비해 무인교육은 소홀한 편이었다.
■**문무겸전** : '문식(文識)과 무략(武略)을 다 갖춘다'는 뜻. 정조는 천시되었던 무에 대한 새로운 인식을 끌어내 국정 운영의 철학으로 발전시킨 '무적(武的) 기풍 확산을 통한 국정 쇄신'을 함.
■**단련주의** : 교육이나 훈련 등을 통해 신체적 · 정신적 건강을 강하게 만드는 사상이나 태도
■**금욕주의** : 인간의 정신적 · 육체적인 욕구나 욕망을 이성(理性)이나 의지로 억제함으로써 도덕이나 종교상의 이상을 성취시키려는 사상이나 태도
■**심신일여** : 몸과 마음을 분리시키지 않고 하나로 생각하여 몸을 편안하게 하는 것이 마음에도 영향을 미친다는 뜻.

■**사정** : 활터에 세운 정자. 관설사정과 민간사정이 있었으며, 습사(활쏘기 익히기)를 장려하였다. 관설사정은 창경궁 후원의 춘단대가 유명하다. 민간사정은 경복궁 동장 안의 오운정이 유명하다. 풍소정, 등룡정, 등과정, 오운정 등이 있었다.

■군사의 시재, 무예 훈련, 병서 습득 등은 훈련원에서 담당하였다.

심화문제

30 보기의 ㉠, ㉡에 알맞은 용어는?

> 보기
> 조선시대는 유교의 영향으로 인하여 (㉠) 사상이 만연하였다. 그러나 정조는 (㉡) 사상이 국가를 부강하게 한다고 생각하였다.

	㉠	㉡
①	단련주의(鍛鍊主義)	문무겸전(文武兼全)
②	승문천무(崇文賤武)	문무겸전(文武兼全)
③	승문천무(崇文賤武)	심신일여(心身一如)
④	금욕주의(禁慾主義)	단련주의(鍛鍊主義)

필수문제

31 조선시대의 유학(문과)교육기관에 대한 설명 중 옳지 못한 것은?

① 고려시대의 국자감과 똑같이 성균관에서 사서오경 등 경전을 가르쳤다.
② 고려시대에 개경에 있었던 5부학당과 비슷하게 서울에 4부학당을 두었다.
③ 지방에는 중등 교육기관인 향교, 초등 교육기관인 서당이 있었다.
④ 서원은 고려의 12도와 비슷한 사립교육기관이었다.

필수문제

32 조선시대 사정(射亭)에 관한 설명으로 옳지 않은 것은?

① 전국에 사정(射亭)을 설치하고 습사(習射)를 장려하였다.
② 관설사정(官設射亭)과 민간사정(民間射亭)이 있었다.
③ 병서(兵書) 강습과 마상(馬上) 무예 훈련을 주로 하였다.
④ 민간사정(民間射亭)으로 오운정(五雲亭), 등룡정(登龍亭) 등이 있었다.

심화문제

33 보기에서 설명하는 조선시대의 기관은?

> 보기
> » 무예의 수련을 담당하였다.
> » 병서의 습독을 장려하였다.
> » 군사의 시재(試才)를 담당하였다.

① 성균관(成均館) ② 사역원(司譯院) ③ 훈련원(訓鍊院) ④ 사정(射亭)

정답 30 : ②, 31 : 없음, 32 : ③, 33 : ③

34 보기에서 조선시대의 훈련원에 관한 설명으로 옳은 것을 모두 고른 것은?

보기
㉠ 성리학 교육을 담당하였다.
㉡ 활쏘기, 마상무예 등의 훈련을 실시하였다.
㉢ 무인 양성과 관련된 공식적인 교육기관이었다.
㉣ 〈무경칠서(武經七書)〉, 〈병장설(兵將說)〉 등의 병서 습득을 장려하였다.

① ㉠, ㉡ ② ㉢, ㉣ ③ ㉡, ㉢, ㉣ ④ ㉠, ㉡, ㉢, ㉣

■ 조선시대의 훈련연은 병사들을 훈련시키기 위해 설치된 기관임. 성리학 교육은 성균관에서 담당함.

필수문제

35 보기에서 조선시대 체육사상에 관한 설명으로 옳은 것만을 모두 고른 것은?

보기
㉠ 유교의 영향으로 숭문천무(崇文賤武) 사상이 만연했다.
㉡ 심신 수련으로 활쏘기가 중시되었고, 학사사상(學射思想)이 강조되었다.
㉢ 활쏘기를 통해서 문무겸전(文武兼全) 혹은 문무겸일(文武兼一)에 도달하고자 했다.
㉣ 국토 순례를 통해 조선에 대한 애국심을 가지게 하는 불국토사상(佛國土思想)이 중시되었다.

① ㉠, ㉡ ② ㉡, ㉢ ③ ㉠, ㉡, ㉢ ④ ㉡, ㉢, ㉣

■ ㉣ 불국토사상은 이 땅이 곧 불국토(佛國土)라는 것을 믿고 강조한 신라 특유의 불교관이다.

심화문제

36 조선시대의 육예(六藝) 중 신체활동과 관련된 것은?

① 서(書) ② 예(禮)
③ 사(射) ④ 수(數)

■ 육예(六藝)
· 예–예용(禮容)
· 악–음악(音樂)
· 사–궁술(弓術)
· 어–마술(馬術)
· 서–서도(書道)
· 수–수학(數學)

37 조선시대 궁술(弓術)에 관한 설명으로 옳지 않은 것은?

① 육예(六藝) 중 어(御)에 해당하였다.
② 무관 선발을 위한 무과 시험의 한 과목이었다.
③ 대사례(大射禮), 향사례(鄕射禮) 등으로 행해졌다.
④ 왕, 무관, 유학자 등 다양한 계층에서 실시하였다.

■ 궁술은 6예 중 '사'에 해당함.

정답 34 : ③, 35 : ③, 36 : ③, 37 : ①

38 보기에서 설명하는 조선시대의 고등교육기관은?

> 보기
> » 교육목표 중 덕의 함양을 위해 활쏘기를 실시하였다.
> » 육일각(六一閣)에서 대사례를 거행하였다.
> » 대사례에서 사용된 궁은 예궁(禮弓) 또는 각궁(角弓)이었다.

① 향교(鄕校) ② 성균관(成均館)
③ 대학(大學) ④ 국학(國學)

■ 성균관에서는 대사례, 지방에서는 향사례에서 활쏘기 시합을 하였다.

39 조선시대의 고등교육기관으로 활쏘기 시합의 한 형태인 대사례(大射禮)를 실시한 곳은?

① 성균관(成均館) ② 향교(鄕校)
③ 대학(大學) ④ 국학(國學)

■ 초시 · 복시 · 전시의 3단계로 실시된 무과 과거제도는 각 병마절도사가 주관하는 초시에서 190명을 선발하였고, 서울의 병조에서 실시하는 복시에서는 28명을 선발하였다. 전시에서 28명의 최종 순위를 결정하였다.
■ 비정기적으로 실시하는 증광시, 별시, 정시 등도 있었다.

필수문제

40 조선시대의 무과 과거제도에 대한 설명이다. 옳지 않은 것은?

① 3년마다 정규적으로 실시되는 식년무과뿐이었다.
② 식년무과는 초시, 복시, 전시 3단계의 시험을 통해서 선발했다.
③ 초시에는 각 도의 병마절도사가 주관하는 향시와 훈련원에서 실시하는 원시가 있었다.
④ 초시에 합격한 자들을 서울에 불러 모아 보는 시험이 복시이고, 복시에 합격한 자들의 순위를 매기기 위한 시험이 전시이다.

심화문제

41 조선시대 무과시험에 대한 설명으로 옳지 않은 것은?

① 초시, 복시, 전시 3단계로 실시되었다.
② 무과는 강서와 무예 시험으로 구성되었다.
③ 증광시, 별시, 정시는 비정규적으로 실시되었다.
④ 선발 정원은 제한이 없었으며, 누구나 응시할 수 있었다.

■ ④ 선발 정원이 있었다.

정답 38 : ②, 39 : ①, 40 : ①, 41 : ④

42 조선시대 무과시험에 대한 설명으로 옳지 않은 것은?

① 무과는 초시(初試), 복시(覆試), 전시(展試)로 이루어져 있다.
② 복시는 병조와 훈련원에서 주관하였다.
③ 전시는 기격구(騎擊毬)와 보격구(步擊毬)를 시행하였다.
④ 초시, 복시, 전시 모두 동일한 인원을 선발하였다.

■ 무과시험은 초시, 복시, 전시로 구분하여 실시하였으며, 선발인원은 각각 다르다.

43 조선시대 무과(武科) 시험방법으로 바르지 않은 것은?

① 소과와 대과로 구별되었다.
② 초시, 복시, 전시의 세 단계로 구성되었다.
③ 무관의 자손, 향리 등이 응시할 수 있었다.
④ 궁술, 마술, 총술, 강서 시험으로 나뉘었다.

■ 문과시험에 소과와 대과가 있었다.

44 조선시대의 민속놀이와 오락에 대한 설명으로 옳은 것은?

① 기풍의례(祈豐儀禮)로써 장치기, 바둑, 장기 등을 행하였다.
② 세시풍속은 농경문화를 반영하고 있어 농경의례라고도 한다.
③ 정초 새해 길흉을 점치기 위한 놀이로 줄다리기를 행하였다.
④ 도판희(跳板戲)와 추천(鞦韆)은 남성 중심의 민속놀이였다.

■ 기풍의례는 풍년을 기원하기 위해서 하는 의식이었다. 도판희와 추천은 여성 중심 민속놀이였다.

45 조선시대 무과시험에 관한 설명이다. 옳지 않은 것은?

① 무과시험은 필기시험인 강서와 실기시험인 무예시험으로 구성되었다.
② 무예시험은 활쏘기(목전, 철전, 편전), 말 타기(기사, 기창), 격구가 있었다.
③ 초시에는 무예시험만 보았고, 강서시험은 보지 않았다.
④ 복시에는 강서시험만 보았고, 무예시험은 보지 않았다.

■ 복시에서는 강서시험과 무예시험을 모두 보았다. 강서시험 과목은 사서오경 중 한 과목, 무경칠서 중 한 과목, 육서 중 한 과목 총 3과목이었다.

46 조선시대 무과제도에 관한 설명으로 적절한 것은?

① 예조와 음양과에서 주관하였다.
② 시험은 무예 실기만 시행되었다.
③ 초시, 복시, 전시의 3단계로 진행되었다.
④ 정기적으로만 실시하였다.

■ 조선시대에는 무관시험도 초시→복시→전시를 거쳤다.

정답 42 : ④, 43 : ①, 44 : ②, 45 : ④, 46 : ③

■① 문인들도 덕을 함양하는 수단으로 활쏘기를 하였다.
② 대사례는 임금을 모시고, 향사례는 고을의 효제충신을 모시고 하는 활쏘기 경기였다.
③ 성균관에서도 활쏘기 교육을 하였다.
④ 궁술대회가 아니라 편사(편을 나누어 하는 활쏘기 경기)라고 하였다.

필수문제

47 조선시대의 활쏘기에 대한 설명이다. 옳은 것은?

① 무과시험의 한 과목이었기 때문에 무인들만 활쏘기를 하였고, 문인들은 신체운동을 천시하였기 때문에 활쏘기를 하지 않았다.
② 성균관에서는 대사례, 지방에서는 향사례에서 활쏘기 시합을 하였다.
③ 성균관의 육일각에서는 대사례만하였고, 활쏘기 교육은 없었다.
④ 사정을 중심으로 이루어진 활쏘기 단체전을 궁술대회라고 하였다.

심화문제

48 조선시대의 활쏘기에 대한 설명으로 옳지 않은 것은?

■유 · 불 · 선 사상은 화랑도의 신체수련의 특징이다. 조선시대 활쏘기는 유교적 교육의 한 방식이었다.

① 군사훈련의 수단으로 활용되었다.
② 심신수련의 중요한 교육활동으로 인식되었다.
③ 유 · 불 · 선 사상을 토대로 한 행동양식이었다.
④ 무과 시험에서 인재를 선발하는 실기과목이었다.

49 조선시대 활쏘기 대회인 편사(便射)에 참가하는 궁수의 숫자는?

■활쏘기 단체전이 편사인데, 5인 이상이 참가하였다.

① 5인 이상　　② 4인 이상
③ 3인 이상　　④ 2인 이상

50 조선시대 체육활동에 대한 설명으로 옳은 것은?

① 방응(放鷹) – 타구, 방희 등으로 혼용하여 사용되었다.
② 편사(便射) – 단체전으로 경기적인 궁술대회를 의미한다.
③ 석전(石戰) – 오늘날 폴로(Polo)와 유사한 형태이다.
④ 활인심방(活人心方) – 중국의 주권이 저술한 책을 율곡 이이가 도입하였다.

51 보기에서 설명하는 조선 시대의 무예는?

보기
» 무과 시험 과목의 하나였다. » 각 사정을 대표하는 궁수 5인 이상이 편을 나누어 활을 쏘는 단체경기였다.

■단체전으로 경기적인 궁술대회가 편사이다.

① 편사(便射)　　② 기창(騎槍)
③ 기사(騎射)　　④ 본국검(本國劍)

정답 47 : ②, 48 : ③, 49 : ①, 50 : ②, 51 : ①

필수문제

52 『활인심방(活人心方)』에 대한 설명으로 적절하지 않은 것은?

① 도인법(導引法)은 목 돌리기, 마찰, 다리의 굴신 등의 보건체조이다.
② 이이(李珥)가 『활인심방』이라는 책을 펴냈다.
③ 활인심서(活人心序)는 기를 조절하고, 식욕을 줄이며, 욕망을 절제하는 방법이다.
④ 사계양생가(四季養生歌)는 춘하추동으로 나누어 호흡하는 방법이다.

▪활인심방은 이 퇴계(이황)가 쓴 책이다.

심화문제

53 다음 중 활인심방을 필사(筆寫)하여 자신의 건강을 다스린 사람은?

① 이이 ② 이황
③ 유성룡 ④ 이순신

필수문제

54 조선시대의 무예서에 관한 설명 중 옳지 않은 것은?

① 무예도보통지는 정조의 명에 따라 이덕무, 박제가, 백동수 등이 편찬하였다.
② 무예도보통지는 도보(그림) 중심으로 무예가 설명되어 있는 책이다.
③ 임원경제지는 서유구가 저술한 무예서이다.
④ 임원경제지의 유예지사설 조에는 활쏘기의 과학적인 방법들이 적혀 있다.

▪임원경제지는 서유구가 저술한 책으로 농업을 위주로 한 백과사전류의 책이다. 16개의 부문(志)으로 나뉘어졌으며, 그중에서 유예지사설 조에 활쏘기 방법이 있다.

심화문제

55 보기의 괄호 안에 들어갈 알맞은 용어는?

보기
정조(正祖, 1752~1800)는 문무겸비를 강조한 왕으로서 문과 무를 양립시키는 것이 국가를 부강하게 하는 계책이라고 여겼다. 그는 규장각의 이덕무, 박제가와 장용영의 백동수를 통해 (　　　)를 편찬케 하였다. 이 책은 조선시대를 대표하는 병서이자 무예교범서였다.

① 무예도보통지(武藝圖譜通志) ② 무예신보(武藝新譜)
③ 무예제보(武藝諸譜) ④ 임원경제지(林園經濟誌)

▪정조의 명으로 만든 책이 무예도보통지이다.

정답 52 : ②, 53 : ②, 54 : ③, 55 : ①

56 보기에서 설명하는 조선시대의 무예서는?

보기
» 24종류의 무예가 기록되어 있다.
» 정조의 명령하에 국가사업으로 간행되었다.
» 한국, 중국, 일본의 관련 문헌 145권이 참조되었다.

① 무예제보(武藝諸譜)
② 무예신보(武藝新譜)
③ 무예도보통지(武藝圖譜通志)
④ 무예제보번역속집(武藝諸譜翻譯續集)

57 조선시대의 『무예도보통지』에 대한 설명으로 맞지 않은 것은?

■ 영조가 아니라 정조의 지시로 만들었다.

① 한국, 중국, 일본의 서적 145종을 참고한 종합무예서이다.
② 영조의 지시로 이덕무, 박제가, 백동수 등에 의해 간행되었다.
③ 『무예도보통지』에서 무예(武藝)란 무(武)에 관한 기예를 뜻한다.
④ 『무예도보통지』에는 총 24가지의 무예가 실려 있다.

58 임진왜란 이후 조선에서 무예를 체계화하고 발전시키기 위해 편찬된 무예서적이 아닌 것은?

■ **기효신서**는 조선이 아닌 명나라의 장수 척계광이 쓴 무예서이고, **무예제보**는 기효신서를 참고로 해서 조선에서 만든 무예서이며, **무예신보**는 무예제보에 12가지 기예를 더 넣어서 만든 무예서이다.

① 기효신서　　② 무예제보
③ 무예신보　　④ 무예도보통지

59 다음 중 조선시대 정조 때 만들어진 무예서는?

① 무예도보통지　　② 무예제보
③ 무예신서　　④ 무비지

정답 56 : ③, 57 : ②, 58 : ①, 59 : ①

필수문제

60 보기에 해당하는 신체활동은?

보기
» 군사훈련의 성격을 지니고 실시된 무예 활동
» 조선시대 왕이나 양반 또는 대중에게 볼거리 제공
» 나라의 풍속으로 단오절이나 명절에 행해졌던 활동
» 승부를 결정 짓는 놀이로서 신체적 탁월성을 추구하는 경쟁적 활동

① 투호(投壺) ② 저포(樗蒲) ③ 석전(石戰) ④ 위기(圍碁)

■ ① 투호 : 일정한 거리에 놓인 병 속에 화살을 던져 넣는 놀이
■ ② 저포 : 윷놀이와 비슷함
■ ④ 위기 : 오늘날의 바둑과 비슷함

■ ③ 석전 : 정월대보름, 사월초파일, 단오절에 행해짐

석전의 형식	석전의 내용
스포츠 경기	승부를 결정짓는 놀이로, 신체적 탁월성을 추구하는 경쟁적 활동
민속놀이	명절에 하는 민속놀이(풍속)
무예	군사 훈련적 성격
관람용	왕, 양반 또는 대중의 구경거리

심화문제

61 조선시대에 남성들이 양편으로 나누어 서로 마주 보고 돌을 던지던 민속놀이는?

① 사희(柶戲) ② 석전(石戰) ③ 추천(鞦韆) ④ 삭전(索戰)

■ 돌을 던지는 놀이는 석전이다.

필수문제

62 조선시대 줄다리기에 관한 설명으로 옳은 것은?

① 동채싸움으로도 불리며, 동네별로 승부를 겨루는 경기였다.
② 상박(相搏)으로도 불리며, 궁정과 귀족사회의 유희 중 하나였다.
③ 추천(鞦韆)으로도 불리며, 단오절에 많이 행해진 서민들의 민속놀이였다.
④ 삭전(索戰), 갈전(葛戰)으로도 불리며, 촌락공동체의 의례적 연중행사로 성행했다.

■ 줄다리기는 삭전, 조리지희, 갈전으로 불렸으며, 대보름날에 하는 것이 상례였다. 동부, 서부 등으로 편을 갈라 실시하였다.
■ 상박 : 씨름
■ 추천 : 그네타기

심화문제

63 조선시대 민속스포츠의 특징 중 가장 올바르지 않은 것은?

① 고려시대 귀족들의 놀이가 대중화되었다.
② 새로운 놀이들이 출현하였다.
③ 일부는 연중행사로 정착되었다.
④ 외국의 근대스포츠가 도입되었다.

정답 60 : ③, 61 : ②, 62 : ④, 63 : ④

CHAPTER 04

개화기와 일제강점기의 체육

운양호 사건을 빌미로 일본과 병자수호조약을 체결한 1876년부터 일본과 한일병합조약을 체결한 1910년까지를 개화기라고 한다.

갑오개혁으로 교육 분야에 생긴 변화

- 과거제도를 폐지하고 임용시험 제도를 실시했다.
- 신분계급을 없애고 실력에 의해서 출세할 수 있게 되었다.
- 문과를 존중하고 무과를 천시하는 문존무비 사상을 없앴다.
- 우수한 청년들의 해외유학을 장려했다.
- 새로운 학제를 도입하고 학교의 설립에 관한 법률을 공포하였다.

교육입국조서

- 망해가는 국가를 중흥시키는 길은 교육밖에 없다는 생각으로, 고종이 발표한 칙령이다.
- 양반에게만 주어졌던 교육의 기회를 전 국민으로 확대하게 되었다.
- 유교 중심 교육을 지양하고 덕양, 체양, 지양에 힘쓰라는 명령이었다(체육을 중요한 교육 영역으로 인정하게 되었다).
- 실용적인 교육을 강화하려는 취지였다.

근대적인 학교의 설립

일본과 맺은 병자수호조약으로 부산항, 원산항, 인천항을 개방하게 되었고, 자연히 그 도시들을 중심으로 근대적인 (사립)학교들이 설립되었다. 국난 극복을 위해서 새로운 학문을 받아들이고, 신체를 단련하기 위해서 체육을 가르쳤다.

⑧ 무예학교……1878, 부산의 동래지역

⑧ 원산학사……1883, 원산 주민들이 모금해서 설립

1 선교사들이 설립한 학교

광혜원	1885, 미국, 알렌, 세브란스 의학전문학교로 개명
배재학당	1885, 미국, 아펜젤러,
이화학당	1886, 미국, 스크랜턴 부인,
경신학교	1886, 미국, 언더우드, 평양
숭실학교	1897, 미국, 베어드, 평양

2 선각자들이 세운 사립학교

연 대	교 명	설립자	소재지	연 대	교 명	설립자	소재지
1895	興化學校 흥화학교	민영환	서울	1905	光成實業學校 광성실업학교		서울
1895	樂英義塾 낙영의숙	사회유지	서울	1905	漢城法學校 한성법학교		서울
1896	中橋義塾 중교의숙	민영기	서울	1905	普成學校 보성학교	이용익	서울
1899	漸進學校 점진학교	안창호	강서	1906	徽文義塾 휘문의숙	민영휘	서울
1901	洛淵義塾 낙연의숙	서광세	서울	1906	進明女學校 진명여학교	엄귀비	서울
1902	牛山學校 우산학교	양재새	서울	1906	淑明女學校 숙명여학교	엄귀비	서울
1904	青年學校 청년학교	전덕기	서울	1907	大成學校 대성학교	안창호	평양
1905	養正義塾 양정의숙	엄주익	서울	1907	五山學校 오산학교	이승훈	정주

개화기의 체육발달 양상

근대적인 학교에서 체육을 가르치기 시작하면서 전통적인 무예체육이 체조, 유희, 스포츠로 확대되었다.

- ☞ 전통적인 무예체육의 일부가 학교체육에 편입되었다.
- ☞ 서구식 체육이 학교체육의 주된 교육과정 또는 과외활동으로 편성되었다.
- ☞ 일본의 영향으로 체조 중심의 체육이 교육과정에 들어갔다.

1 원산학사

- ☞ 우리나라 최초의 근대학교로 서당을 개량한 것이다.
- ☞ 1883년에 덕원 · 원산 지방의 주민들과 개화파 관리들이 중심이 되어 세운 학교이다.
- ☞ 문예반과 무예반이 있었고, 무예반의 교육 내용은 병서와 사격으로 구성하였다.
- ☞ 출신과 한량을 뽑아서 훈련시켜 별군관을 양성하였다.

2 기독교 선교계열 학교에서의 체육

- ☞ 배재학당에서는 정규과목에는 체육이 없었고, 과외활동을 통해서 야구, 축구, 정구, 농구 등과 같은 스포츠를 가르쳤다.
- ☞ 경신학교에서는 초기에는 오락이라는 명칭으로 체조가 실시되다가, 1891년부터는 정식교과목으로 편성되었다.
- ☞ 이화학당에서는 설립 초기부터 정규수업에 체조가 있었고, 우리나라에서 최초로 체육학과를 만들었다.
- ☞ 숭실학교에서는 정규수업에 체조와 음악이 있었다.

3 운동회

☞ 우리나라 최초의 운동회는 삼선평에서 육상경기를 한 화류회이다.

☞ 근대적 의미의 체육을 널리 보급시키는 역할을 하였다.

☞ 새로운 지식을 계몽하고, 민족의식을 고취시키는 사회적 기능도 담당하였다.

☞ 주로 단체전을 해서 애국심을 고취시키고 공동체 의식을 강화시켰다.

개화기에 설립된 우리나라의 체육단체들

황성기독교청년회	서울 YMCA, 1903년에 설립되었고, 1906년 4월에 운동부가 발족되었다. 우리나라의 스포츠 발전에 가장 큰 공을 세운 단체이다. 농구, 배구, 야구, 유도, 철봉, 역도, 권투, 무용, 곤봉 Gillett(길예태 – 총무) Terner(단아덕 – 회장)
대한체육구락부	1906년 3월에 김기정, 현양운, 신봉휴, 한상우 등이 설립하였다. 우리나라 최초의 근대적인 체육단체이다.
대한국민체육회	1907년에 노백린이 설립, 체육의 올바른 이념 정립과 체육정책의 개혁을 목표로 하였다.
대동체육구락부	1908년에 권서연, 조상호, 이기환 등이 결성하였다. 체육학의 연구와 강건한 체력의 육성을 주장하였다.
회동구락부	1902년에 탁지부(재경부) 관리들이 일본인 관리들과 친목을 도모할 목적으로 창립하였다. 연식정구, 바둑, 장기 등을 여가활동으로 즐겼고, 우리나라 최초의 직장체육클럽이다.

1 개화기의 체육사상

☞ 국권상실이라는 민족적 위기를 맞은 상황에서 우승열패(우세한 쪽은 이기고 열세한 쪽은 진다) 변법자강론(그동안 지켜왔던 동양의 법도를 완전히 바꾸어서 스스로 강해져야 나라가 살아남을 수 있다), 상무정신(무예를 숭상하는 정신) 등을 바탕으로 한 체육사상이 주를 이루었다.

☞ 사회적 진화론의 영향을 받아서 강대국이 약소국을 침략하는 것은 적자생존의 결과로 당연시되었다.

☞ 문일평……체육을 국가의 운명을 결정하는 중요한 교육 영역으로 인식하였으며, 태극학보에 '체육론'을 게재하였다. 체육학교의 특설, 체육교사의 양성, 체육연구를 위한 청년의 해외 파견 등을 주장하였다.

2 개화기의 체육을 근대체육의 태동기, 수용기, 정립기로 나누는 사람도 많다.

☞ 동래무예학교와 원산학사가 설립되어 정규 교육과정에 무예체육이 포함된 시기를 근대체육의 태동기로 본다.

☞ 기독교계 사립학교와 관립학교의 정규 교육과정에 체조과목이 편성되고 과외활동을 통해서 서구 스포츠가 도입되기 시작한 시기를 수용기로 본다.

☞ 일본은 학교체육을 병식체조 중심으로 전환하려고 노력하고, 우리나라의 선각자들은 사립학교를 중심으로 애국 계몽운동과 구국 인재양성을 목적으로 체육교육을 강조한 시기를 정립기로 본다. 체육단체들이 결성되고 학교운동회가 활발하게 열린 시기를 정립기로 본다.

YMCA의 역할

☞ 개화기(1963)에 황성기독교청년회라는 이름으로 창설되었다.
☞ 노백린, 안창호, 이상재 등 독립운동 단체들을 이끌던 인물들이 YMCA에 합류하였다.
☞ 구한말 조선군의 장교 중에서 학교에 체조교사로 부임한 사람들이 YMCA에 합류하였다.
☞ 각종 스포츠들이 YMCA를 통해서 도입되었다.

일제강점기

1 1차 조선교육령(1911년)

한일병합 이후 일본이 조선을 통치하기 위해서 내린 교육명령

☞ 각급 학교의 교육연한을 단축시켜 우매한 민족을 만들려고 했다.
☞ 일본어 보급을 통해서 전통문화를 말살하려고 하였다.
☞ 국권을 회복하려는 선각자들의 의지를 약화시키기 위해서 병식체조를 스웨덴체조로 바꾸었다.
☞ 한국인 체조교사가 지도하던 민족주의적 체육활동을 규제하기 위해서 체조교원을 일본 군인으로 바꾸었다.

학교 체조 교수요목

학교에서 학생들에게 체조를 가르칠 때 사용할 교재, 수업시간, 유의점 등을 조선총독부령(1919. 6. 10)으로 정한 것으로, 그 요강은 다음과 같다.

"학교 생도의 교육상 체조과의 중요성은 말할 것조차 없다. 그러나 종래 각 학교에서 교수하는 것이 구구하여 적절하지 않은 것이 있었다. 그러므로 별책과 같이 학교체조 교수요목을 제정하여 기준으로 삼았다. 이 실시는 반드시 학교훈육에 따르고 토지의 상황·학교의 설비·남녀의 특성 및 심신의 발달에 비추어 적당히 가르치는 정도를 정한다. 그것으로써 본 과의 목적을 달하는 데 유감없기를 기하라."

1 2차 조선교육령(1922년)

☞ 3.1독립운동으로 무단통치정책을 문화통치정책으로 변경시킨 결과가 2차 조선교육령이다.
☞ 각 급 학교의 편제와 수업연한을 일본과 유사하게 조정하였다.
☞ 사범학교와 대학을 설립하게 되었다.
☞ 일본어와 일본역사를 강제로 주입시키려 했다.
☞ 각종 학교 대항 경기가 성행하였고, 체육설비가 부족하여 육상경기 위주로 수업을 했다.
☞ 우리 민족을 회유하고 이간시켜서 효과적으로 통치하기 위한 기만정책이었다.

2 3차 조선교육령(1938년)

민족 말살기에 내린 교육명령

☞ 일본이 만주사변과 중일전쟁을 통해서 중국을 점령한 다음에 공포한 총독부령으로 모든

학교수업을 일본어로 하도록 강요하였다.

- ☞ 보통학교를 소학교로 고등보통학교를 중학교로 바꾸어서 일본과 똑 같은 학교이름을 사용할 수 있도록 하였다.
- ☞ 국어(조선어)와 국사(조선사)를 선택(수의)과목으로 정해서 사실상 폐지하였다.
- ☞ 나중에는 소학교를 국민학교(황국신민학교)로 바꾸는 국민학교령을 공포하였다.
- ☞ 국체명징(國體明徵)……국가의 정체성(천황이 유일한 통치권자이다.)을 명심하고 잊지 말 것.
- ☞ 대동아번영……중국과 동남아시아를 모두 포함하는 대동아권의 번영을 위해서 매진할 것.
- ☞ 내선일체……일본과 조선은 하나이다. → 조선이라는 나라는 아예 없어졌다.
- ☞ 인고단련……어려움을 참고 심신을 단련하라. → 일본이 조선인에게 요구하는 것은 아무리 어려워도 이행하라.

3 4차 조선교육령(1943년)

- ☞ 모든 교육기관의 수업연한 단축
- ☞ 학교에서 조선어와 조선역사의 교육을 전면적으로 금지시켰다.
- ☞ 결전학년이라는 교과서를 모든 중등학교에서 강제로 사용하도록 함.

체육단체의 결성

- ☞ 구한말에 결성되었던 체육단체들은 한일병합 이후 모두 해산되었기 때문에 관련 인사들이 활동이 자유로웠던 YMCA로 합류하였다.
- ☞ 조선체육회(1920년)……3.1독립운동 이후 문화통치 정책으로 전환됨에 따라 결성되었다. 조선체육회 창립기념행사로 제1회 전 조선야구대회를 개최하였다. – 현재의 전국체육대회 횟수의 기점이다.
- ☞ 조선체육협회(朝鮮體育協會)……1919년에 조선 내 스포츠 단체를 관리하기 위해 설립된 체육단체로 일본인을 중심으로 운영되었으며 조선신궁대회를 개최하였다. 조선체육회와 경쟁관계에 있었다. 근대 스포츠를 보급하는 데에 주도적인 역할을 하였다.
- ☞ 관서체육회……1925년에 평양에서 조만식 선생의 주도로 결성되었다.

일제의 체육 탄압

- ☞ 학교체육을 군사력 팽창에 필요한 인력 양성의 수단으로 삼았다.
- ☞ 체육을 교련화하고 국궁과 씨름을 못 하게 하면서 유도와 검도를 통해서 일본의 무사정신을 주입시키려고 하였다.
- ☞ 학교운동회를 민족주의적인 정서가 있다는 이유로 금지시켰다.
- ☞ 조선체육회를 조선체육협회로 통합하였다.
- ☞ 일장기 말소사건을 빌미로 동아일보를 무기한 정간시켰다.

필수 및 심화 문제

필수문제

01 갑오개혁으로 일어난 변화가 아닌 것은?

① 과거제도의 폐지 ② 신분계급제도의 탈피
③ 문존무비의 차별 철폐 ④ 우수한 관리들의 해외유학 장려

■ '갑오개혁으로 교육 분야에 생긴 변화' (p.38) 참조.
■ 갑오개혁으로 우수한 청년들의 해외유학을 장려하였다.

심화문제

02 병자수호조약(1876)에 따라서 개방한 항구가 아닌 것은?

① 부산 ② 원산 ③ 군산 ④ 인천

■ 일본과 병자수호조약을 맺은 때부터 한일병합 때까지를 **개화기** 또는 **구한말**이라고 한다. 군산은 일제강점기 때 개방하였다.

필수문제

03 고종(高宗)이 반포한 교육입국조서(敎育立國詔書)와 관련된 내용으로 옳지 않은 것은?

① 교육입국조서는 1895년에 반포되었다.
② 소학교 및 고등과정에 체조가 정식과목으로 채택되는 데 영향을 주었다.
③ 교육의 기회가 전 국민적으로 확대되는 데 기여하였다.
④ 덕양(德養), 지양(智養)보다 체양(體養)을 강조하였다.

■ 교육입국조서는 1895년 2월에 발표되었고, 언더우드학당(현 경신학교)은 1886년에 설립되었다.
■ 교육입국조서는 덕양 · 체양 · 지양에 힘쓰라는 명령이었다.

심화문제

04 개화기의 체육사적 사실에 관한 설명으로 옳은 것은?

① 동래무예학교는 문예반 50명, 무예반 200명을 선발하였다.
② 개화기 최초의 운동회는 일본인 학교에서 주관한 화류회(花柳會)였다.
③ 양반들이 주도하여 배재학당, 이화학당, 경신학당 등 미션스쿨을 설립하였다.
④ 고종은 「교육입국조서(敎育立國詔書)」를 반포하고, 덕양, 체양, 지양을 강조하였다.

■ ① 문예반 50명, 무예반 20명을 선발한 학교 : 원산학사
■ ② 화류회 : 1896년 영어학교 학생들이 동소문 밖 삼선평 들녘에서 실시한 육상경기와 오락놀이
■ ③ 미션스쿨 : 선교사들이 설립한 광혜원, 배재학당, 이화학당, 경신학교, 숭실학교

05 개화기 교육입국조서(敎育立國詔書)가 반포된 이후의 체육사적 사실이 아닌 것은?

① 한국 YMCA가 설립되어 서구 스포츠가 본격적으로 도입되었다.
② 한국 최초의 운동회가 화류회(花柳會)라는 이름으로 개최되었다.
③ 우리나라 최초의 근대적인 체육 단체인 대한체육구락부가 결성되었다.
④ 언더우드(H. G. Underwood)학당이 설립되어 체조가 정식교과목에 편성되었다.

■ 교육입국조서는 1895년 2월에 발표되었고, 언더우드학당(현 경신학교)은 1886년에 설립되었다.

정답 01 : ④, 02 : ③, 03 : ④, 04 : ④, 05 : ④

06 고종이 전 국민에게 덕양, 체양, 지양의 3대 교육분야를 조화롭게 가르쳐야 한다고 발표한 것은?

① 조선교육령　　② 학제개혁
③ 교육입국조서　　④ 소학교령

■모두 일반 사립학교이다. 일반 사립학교의 이름을 알아두라는 문제이다.
■p.39 참조

필수문제

07 기독교계열 사립학교는 전도가 목적이었지만, 일반 선각자가 세운 사립학교는 국난 극복을 위해서 새로운 학문을 받아들이고, 신체를 단련하기 위해서 체육을 가르쳤다. 그렇지만 오래 견디지 못하고 폐교되었다. 다음 중 일반 사립학교가 아닌 것은?

① 흥화학교　② 낙연의숙　③ 대성학교　④ 오산학교

■원산학사는 일본 학교를 모방한 것이 아니라 서당을 개량하여 근대학교로 발전시킨 것이다. 과거에는 합격하였지만 현직 관리로 임명받지 못한 사람들을 '출신'이라 하고, 지방 유지의 자녀들로 과거시험 준비를 하고 있는 사람들을 '한량'이라고 하였다.

심화문제

08 원산학사에 대한 설명이다. 옳지 않은 것은?

① 우리나라 최초의 근대학교이지만 일본의 학교를 모방하여 설립한 것이다.
② 덕원 · 원산 지방의 주민들과 개화파 관리들이 중심이 되어 세운 학교이다.
③ 문예반과 무예반이 있었고, 무예반의 교육 내용은 병서와 사격으로 구성하였다.
④ 무예반은 출신과 한량을 뽑아서 훈련시켜 별군관을 양성하였다.

■동래무예학교 : 원산학사를 설립한 정현석이 동래부사였던 시절에 동래에 설립(원산학사보다 5년 전에 개교)했다고 전해짐.
■대성학교 : 안창호가 평양에 설립(1907).
■오산학교 : 이승훈이 전주에 설립(1908).

필수문제

09 보기에서 설명하는 개화기 사립학교는?

보기
» 무비자강(武備自强)을 강조하였다.
» 문예반 50명, 무예반 200명을 선발하였다.
» 1883년에 설립된 최초의 근대식 학교이다.

① 동래무예학교(東萊武藝學校)　② 대성학교(大成學校)
③ 원산학사(元山學舍)　④ 오산학교(五山學校)

정답　06 : ③, 07 : 없음, 08 : ①, 09 : ③

심화문제

10 보기에서 설명하는 개화기 민족사립학교는?

> • 1907년에 이승훈이 설립하였다.
> • 대운동회를 매년 1회 실시하였다.
> • 체육은 주로 군사훈련의 성격을 띠었다.

① 오산학교 ② 대성학교
③ 원산학사 ④ 숭실학교

■ **대성학교** : 1907년 안창호가 평양에 설립.
■ **원산학사** : 1883년 서당을 개량하여 덕원·원산 지방의 주민들과 개화파 관리들이 설립.
■ **숭실학교** : 1897년 미국인 베어드가 평양에 설립.

11 근대식 학교인 원산학사에 대한 설명으로 옳은 것은?

① 1885년 아펜젤러가 설립하였다.
② 조선의 신교육을 위하여 일본인들이 설립한 학교이다.
③ 동래무예학교의 영향을 받았으며 무사양성 교육에 힘썼다.
④ 오늘날 경신중·고등학교의 전신으로 '오락'이라는 체조시간이 배정되었다.

■ 원산학사(p. 38) 참조.

12 원산학사에 대한 설명으로 바르지 않은 것은?

① 최초의 근대 학교이다. ② 문예반과 무예반으로 구성되었다.
③ 한국 최초로 체육과를 개설하였다. ④ 교과과정에 전통무예를 포함하였다.

■ 한국 최초로 체육과를 개설한 학교는 이화학당이다.

13 보기에서 설명하는 사립학교는?

> • 1907년 국권회복운동의 일환으로 도산 안창호가 설립하였다.
> • 구(舊) 한국군 출신이 체육교사로 부임하였다.
> • 일반 체조를 포함하여 군대식 조련을 실시하였다.

① 대성학교 ② 오산학교 ③ 배재학당 ④ 원산학사

14 개화기 이화학당에 관한 설명으로 옳은 것은?

① 스크랜턴(M. Scranton)이 설립한 학교로 체조를 교과목으로 편성했다.
② 아펜젤러(H. Appenzeller)가 설립한 학교로 각종 서구 스포츠를 도입했다.
③ 이승훈이 설립한 학교로 민족정신의 고취와 체력단련을 위해 체육을 강조했다.
④ 개화파 관리들이 중심이 되어 설립한 학교로 무사양성을 위한 무예반을 설치했다.

■ 아펜젤러는 배재학당을, 이승훈은 오산학교를, 개화파 관리들이 중심이 되어 반관 반민의 원산학사를 설립하였다.

정답 10 : ①, 11 : ③, 12 : ③, 13 : ①, 14 : ①

15 개화기 초에 설립된 기독교 선교계열 학교에서의 체육을 설명한 것들이다. 옳지 않은 것은?

■ 숭실학교는 배재 · 경신 · 이화의 세 학교보다 3~4년 늦게 개교하였기 때문에 체조뿐만 아니라 음악도 정규교과목에 있었다.

① 배재학당에서는 정규과목에는 체육이 없었고, 과외활동을 통해서 야구, 축구, 정구, 농구 등과 같은 스포츠가 도입되었다.
② 경신학교에서는 초기에는 오락이라는 명칭으로 체조가 실시되다가 1891년부터는 정식교과목으로 편성되었다.
③ 이화학당에서는 설립 초기부터 정규수업에 체조가 있었다.
④ 숭실학교에서는 정규수업에 체조가 없었다.

16 개화기 배재학당에 대한 설명으로 옳은 것은?

■ ① : 이화학당
② : 세브란스
③ : 배재학당
④ : 1886년에 고종이 세운 육영공원

① 스크랜턴(M.F. Scranton)에 의해 설립된 학교로 정기적으로 체조수업을 실시했다.
② 알렌(H. N. Allen)에 의해 설립된 학교로 건강 및 보건을 위한 활동을 실시했다.
③ 아펜젤러(H. G. Appenzeller)가 설립한 학교로 서구 스포츠가 과외활동을 통해 보급되었다.
④ 조선 정부가 영어교육을 위해서 세운 학교로 다양한 서구 근대 스포츠 문화를 소개했다.

필수문제

17 보기에서 설명하는 인물은?

■ 우리나라에 야구와 농구를 최초로 소개한 사람은 질레트이다.

보기
» 1903년 황성기독교청년회 초대 총무를 역임하였다.
» 우리나라 최초로 야구와 농구를 소개하였다.
» 개화기 YMCA를 통해서 우리나라 근대스포츠의 발달에 큰 역할을 담당했다.

① 푸트(L. M. Foote) ② 반하트(B. P. Barnhart)
③ 허치슨(W. D. Hutchinson) ④ 질레트(P. L. Gillett)

필수문제

18 개화기에 도입된 근대스포츠 종목으로 옳지 않은 것은?

■ **개화기에 도입된 스포츠** : 축구, 체조, 육상, 승마, 수영, 야구, 농구, 연식정구, 사이클, 검도, 유도, 사격
■ **일제 강점기에 도입된 스포츠** : 권투, 탁구, 배구, 경식정구, 스키, 골프, 럭비, 역도

① 농구 ② 역도 ③ 야구 ④ 육상

정답 15 : ④, 16 : ③, 17 : ④, 18 : ②

심화문제

19 개화기에 도입된 스포츠에 대한 설명으로 옳지 않은 것은?

① 질레트(P. Gillett)는 야구와 농구를 보급하였다.
② 우치다(內田)는 검도를 보급하였다.
③ 푸트(L. Foote)는 연식정구(척구)를 보급하였다.
④ 조원희는 교육체조를 보급하였다.

■ 국내에 검도가 도입된 것은 일제강점기 군과 경찰을 중심으로 보급되어 대중화되었음.

20 개화기에 질레트가 도입한 스포츠로 바르게 묶인 것은?

① 농구 – 배구 ② 축구 – 농구
③ 야구 – 농구 ④ 축구 – 배구

■ 황성기독교청년회 초대 총무로 부임한 질레트는 우리나라에 야구(1904년)와 농구(1907년)를 도입하였다.

21 개화기에 도입되지 않은 스포츠 종목은?

① 야구 ② 축구 ③ 테니스 ④ 배드민턴

■ 우리나라에 배드민턴 경기가 보급된 것은 해방 이후이다.

22 근대적 스포츠가 도입된 경위와 관련된 내용이다. 틀린 것은?

① 승마 : 근위기병대의 군사들이 훈련원에서 기병경마회를 개최
② 검도 : 경무청에서 경찰 교습과목으로 채택
③ 축구 : 외국어학교의 외국인 교사들이 지도하여 보급
④ 야구 : 선교사 알렌이 배재학당에서 지도

■ 야구는 선교사 질레트가 YMCA에서 지도

필수문제

23 보기는 개화기의 학교체육에 대한 설명이다. 옳은 것만을 고른 것은?

보기
㉠ 원산학사는 신지식을 교육하여 인재를 양성함으로써 외세의 도전에 대응할 목적으로 지역주민들이 자발적으로 서당을 개량해서 운영하였다.
㉡ 고종이 교육조서를 공포함으로써 체조가 정식과목으로 채택되었다.
㉢ 관립 외국어학교에서도 체조를 정식과목으로 채택하였다.
㉣ 사범학교에서는 체조를 가르치지 않았다.

① ㉠, ㉡, ㉢, ㉣ ② ㉠, ㉡, ㉢ ③ ㉠, ㉡ ④ ㉠

■ ㉢ 관립 외국어학교에서는 체조를 정식과목으로 선택하지 않았다. 그렇지만 신체단련을 위하여 병식체조와 기계체조를 가르치기는 했다.
■ ㉣ 사범학교에서 체조를 가르쳐야 졸업한 다음 보통학교 교사가 되면 학생들에게 체조를 가르칠 수 있을 것이 아니겠는가?

정답 19 : ②, 20 : ③, 21 : ④, 22 : ④, 23 : ③

심화문제

24 개화기 체육의 역사적 의미에 대한 설명으로 옳지 않은 것은?

① 체육의 개념 및 가치에 대한 근대적 각성이 이루어졌다.
② 각종 국제스포츠경기대회 참가로 국가의 위상이 높아졌다.
③ 체육이 교육체계 속에 포함되기 시작하였다.
④ 근대적인 체육문화가 창출되었다.

▪ 개화기에는 돈이 없어서 국제대회 출전은 엄두도 내지 못하였다.

25 개화기 체육교육에 대한 설명으로 옳지 않은 것은?

① 원산학사에서는 교육과정에 전통무예를 포함하였다.
② 1895년 교육입국조서에서 덕양, 지양, 체양을 기본으로 삼았다.
③ 배재학당, 이화학당 등의 신식학교에서는 체조를 교육과정에 포함하였다.
④ 〈전시학도체육훈련〉 지침을 두어 전력 증강에 목표를 두었다.

▪ 전시학도체육훈련은 태평양전쟁 때 일본이 학생들을 군인으로 양성하기 위해서 실시하였다.

26 다음 중 개화기 때 학교에서 실시한 체육의 내용이 아닌 것은?

① 유희 ② 병식체조 ③ 도수체조 ④ 보통체조

▪ 도수체조는 일제강점기에 실시된 체조이다.

필수문제

27 개화기 운동회에 대한 설명으로 옳지 않은 것은?

① 초창기 운동회에서 실시된 종목은 주로 구기종목이었다.
② 영어학교나 기독교계 학교를 중심으로 운동회가 확산되었다.
③ 학생대항, 마을대항과 같은 단체전 중심이었다.
④ 우리나라 최초의 운동회는 화류회(花柳會)이다.

▪ 우리나라 최초의 운동회에서는 육상경기가 개최되었다.

심화문제

28 일제강점기에 발생한 체육사적 사실이 아닌 것은?

① 경성운동장이 설립되어 각종 스포츠대회가 개최되었다.
② 덴마크의 닐스 북(Neils Bukh)이 체조강습회를 개최했다.
③ 남승룡이 베를린 올림픽경기대회에서 동메달을 획득했다.
④ 영어학교에서 한국 최초의 운동회인 화류회가 개최되었다.

▪ 화류회는 1896년 영어학교 학생들이 동소문 밖 삼선평 들녘에서 육상경기와 오락놀이를 실시하였다.

정답 24 : ②, 25 : ④, 26 : ③, 27 : ①, 28 : ④

29 개화기 운동회에 대한 설명으로 적절한 것은?

① 일본인을 위한 축제의 성격이었다.
② 우리나라 최초의 운동회는 화류회(花柳會)이다.
③ 학교 정규교과목으로 학생에게 장려된 활동이었다.
④ 최초 시행 종목은 야구와 농구였다.

■ 삼선평에서 육상경기를 한 화류회가 최초의 운동회였다.

30 구한말 개화기에 학교에서 열렸던 운동회에 관한 내용이다. 옳지 않은 것은?

① 근대적 의미의 체육을 널리 보급시키는 역할을 하였다.
② 새로운 지식을 계몽하고, 민족의식을 고취시키는 사회적 기능도 담당하였다.
③ 우리나라 최초의 운동회는 화류회이다.
④ 운동회는 마을 대항 같은 단체전을 주로 하였기 때문에 사회적 갈등을 증폭시켰다.

■ 운동회가 사회적 갈등을 증폭시킨 것이 아니라 애국심을 고취하고, 공동체의식을 강화하고, 자주독립의 의지를 강화시키는 역할을 하였다.

31 우리나라 최초의 운동회인 화류회가 열린 장소와 운동경기종목을 올바르게 선택한 것은?

① 삼선평－육상경기 ② 삼선평－야구경기
③ 훈련원－육상경기 ④ 훈련원－야구경기

필수문제

32 개화기에 사회에서 체육진흥운동이 일어나게 된 동기에 대한 설명이다. 옳지 않은 것은?

① 국권상실의 위기를 맞자 근대적 교육의 중요성을 알게 되고, 강건한 청년을 육성하기 위해서는 체육이 필수적이라는 인식을 갖게 되었다.
② 사회적 진화론의 영향을 받아서 강대국이 약소국을 침략하는 것은 적자생존의 결과로 당연시되었다.
③ 대동체육구락부는 국가위기를 극복하기 위하여 체육을 강화할 목적으로 설립되었다.
④ 교육입국의 의지를 갖고 교육을 근대화하기 위해서 공포한 교육조서의 영향도 컸다.

■ ③ 대동체육구락부는 체육이 국가의 부강과 존폐의 근간이 된다는 인식을 갖고 있었지만, 위기에 나라를 구하기 위해서 만든 단체는 아니었다.

정답 29 : ②, 30 : ④, 31 : ①, 32 : ③

필수문제

33 보기에서 설명하는 단체의 활동으로 옳은 것은?

보기
1903년 '황성기독교청년회'라는 이름으로 창설된 단체이다. 외국인 선교사를 주축으로 근대스포츠를 도입, 보급하여 한국 근대스포츠 발전에 많은 영향을 미쳤다. 1910년 한일병합 이후에도 스포츠 보급 활동에 기여하였다.

① 첫 사업으로 제1회 전조선야구대회를 개최했다.
② 1916년 우리나라 최초의 체육관을 개관하여 스포츠 활동의 활기를 도모했다.
③ 조선에서 최초의 종합경기대회라고 할 수 있는 조선신궁경기대회를 개최했다.
④ 우리나라 근대체육의 선구자였던 노백린이 병식체조 중심의 체육을 비판하며 설립한 단체였다.

■ ①은 조선체육회, ②는 YMCA(황성기독청년회), ③은 조선체육협회, ④는 대한국민체육회

심화문제

34 개화기에 설립된 체육단체가 아닌 것은?

① 조선체육협회 ② 대한체육구락부
③ 대한국민체육회 ④ 대한흥학회운동부

■ 조선체육협회는 1919년에 조선의 스포츠단체를 관리하기 위해 일본이 설립한 체육단체이다.

35 보기의 ㉠, ㉡에 들어갈 용어가 바르게 연결된 것은?

보기
(㉠)은/는 1903년 10월 18일에 발족되었으며, 1906년 운동부를 개설하여 개화기에 가장 활발하게 체육활동을 전개한 체육단체 중 하나였다. 이 단체의 총무였던 (㉡)은/는 야구, 농구 등의 다양한 근대스포츠 문화를 우리나라에 소개하고 확산시키는 노력을 하였다.

	㉠	㉡
①	회동구락부	언더우드(H. Underwood)
②	대동체육부	노백린
③	무도기계체육부	윤치호
④	황성기독교청년회	질레트(P. Gillett)

■ **회동구락부** : 1902년. 탁지부관리들이 창립
■ **대동체육부** : 1908년. 권서연 · 조상호 · 이기환 등이 창립
■ **무도기계체육부** : 1908년. 이희두와 윤치호가 창립

정답 33 : ②, 34 : ①, 35 : ④

36 **개화기의 체육단체에 관한 설명으로 옳은 것은?**

① 청강체육부 : 탁지부 관리들이 친목 도모를 위해 1902년에 조직하였고, 최초로 연식정구를 도입하였다.
② 회동구락부 : 최성희, 신완식 등이 1910년에 조직하였고, 정례적으로 축구 시합을 하였다.
③ 무도기계체육부 : 우리나라 최초 기계체조 단체로서 이희두와 윤치오가 1908년에 조직하였다.
④ 대동체육구락부 : 체조 교사인 조원희, 김성집, 이기동 등이 주축이 되어 보성중학교에서 1909년에 조직하였고,병식체조를 강조하였다.

■ ① 청강체육부 : 1910년 2월, 중동학교 재학생인 최성희, 성희, 신완식 등이 결성. 교내 체육활동으로 축구를 하였음.
■ ④ 대동체육구락부 : 1908년, 권서연, 조상호, 이기환 등이 결성. 체육학 연구와 강건한 체력 육성을 주장함.

37 **개화기에 설립된 우리나라 최초의 체육단체는?**

① 대동체육구락부　② 대한국민체육회
③ 황성기독교청년회운동부　④ 대한체육구락부

■ 대동체육구락부는 1908년, 대한국민체육회는 1907년, 황성기독교청년회운동부는 1906년 4월(황성기독교청년회는 1903년), 대한체육구락부는 1906년 3월에 설립됨.

38 **다음 중 개화기 체육단체가 아닌 것은?**

① 대한체육구락부　② 황성기독교청년회운동부
③ 대동체육구락부　④ 대한올림픽위원회

■ 대한올림픽위원회는 1947년에 창설된 국가올림픽위원회로, 1968년에 대한체육회로 통합됨.

39 **개화기에 설립된 우리나라 최초의 체육단체는?**

① 황성기독교청년회 체육부　② 대한민국체육회
③ 대한체육구락부　④ 광학구락부

■ 황성기독교청년회는 대한체육구락부보다 먼저 생겼지만 체육부는 나중에 생겼다.

40 **보기의 설명에 해당되는 체육단체는?**

> 보기
> 병식체조의 개척자로서 우리나라 근대체육의 선구자였던 노백린이 병식체조 중심의 학교체육을 비판하고 체육의 올바른 이념 정립과 체육관련 정책을 올바르게 개혁할 목적으로 설립하였다.

① 대한국민체육회　② 회동구락부　③ 청강체육부　④ 체조연구회

■ 대한국민체육회는 1907년 노백린이 설립. 체육의 올바른 이념 정립과 체육정책의 개혁을 목표로 하였다.

41 **개화기에 발생한 체육사적 사실이 아닌 것은?**

① 관서체육회(關西體育會)가 결성되어 전조선빙상대회가 개최되었다.
② 최초의 근대 학교인 원산학사에서는 무사 양성을 위한 무예반을 개설했다.
③ 선교사들이 미션 스쿨을 설립하고, 서구의 체조 및 근대스포츠를 도입하였다.
④ 한국 최초의 여성교육기관인 이화학당이 설립되고, 정규수업에 체조 수업을 실시하였다.

■ 관서체육회는 1924년 평양에서 설립되었다.

정답 36 : ③, 37 : ④, 38 : ④, 39 : ③, 40 : ①, 41 : ①

필수문제

42 체육을 국가의 운명을 결정하는 중요한 교육 영역으로 인식하였으며, 태극학보에 '체육론'을 게재한 체육사상가는?

■ 이기동과 김성집은 체조연구회, 권서연과 조상호는 대동체육구락부를 결성한 사람이다.

① 이기동 ② 조상호 ③ 문일평 ④ 권서연

심화문제

43 개화기 체육사상가인 문일평이 체육발전을 위하여 제안한 내용으로 옳지 않은 것은?

■ 문일평은 체육을 국가의 운명을 좌우하는 교육영역이라고 생각하였다.

① 체육학교를 설치하고, 체육교사를 양성하자.
② 과목에 체조, 승마 등을 개설하자.
③ 체육에 관한 학술을 연구하기 위하여 청년을 해외에 파견하자.
④ 체육활동을 통괄할 단체를 설립하자.

44 보기에서 설명하는 인물은?

■ **백용기** : 1889년 통정대부 돈녕부 도정을 역임함. 사재를 털어 빈구 구제에 힘씀.
■ **이원용** : 일제강점기의 종교인
■ **유억겸** : 조선체육회 회장(8대, 10대, 12대) 역임. 조선농구심판협회 · 고려육상경기회 · 조선권투연맹 회장 역임.

보기
» 조선체력증진법연구회를 설립하고, 전국의 역도 보급에 앞장섰다.
» 1926년 휘문고등학교 체육교사로 부임해 역도부를 조직하고 지도했다.
» 대한체조협회 회장, 대한씨름협회 회장을 역임하며 한국 스포츠 발전에 공헌을 했다.

① 서상천 ② 백용기 ③ 이원용 ④ 유억

필수문제

45 보기는 YMCA와 관련된 내용들이다. 옳지 못한 것을 모두 고르면?

보기
㉠ 개화기(1903)에 황성기독교청년회라는 이름으로 창설되었다.
㉡ 노백린, 안창호, 이상재 등 독립운동단체들을 이끌던 인물들이 YMCA에 합류하였다.
㉢ 독립운동가들이 스포츠를 매개삼아 민족운동을 전개하려고 하는 것을 선교사들이 막았다.
㉣ 구한말 조선군의 장교 중에서 학교에 체조교사로 부임한 사람들이 YMCA를 배척하였다.
㉤ 서구식 각종 스포츠들이 YMCA를 통해서 도입되었다.

■ ㉢ 스포츠가 민족운동과 기독교 전파의 매개체 역할을 했다.
㉣ 구한말 조선군 장교들이 국권회복을 목적으로 YMCA의 체육활동에 적극적으로 참여하였다.

① ㉠, ㉡ ② ㉢, ㉣ ③ ㉠, ㉢ ④ ㉡, ㉣

정답 42 : ③, 43 : ④, 44 : ①, 45 : ②

심화문제

46 **개화기 선교사에 의해 조직되어 국내에 야구, 농구 등을 보급한 체육단체는?**

① 황성기독교청년회 ② 대동체육구락부
③ 회동구락부 ④ 체조연구회

47 **YMCA가 우리나라 체육에 끼친 영향으로 옳지 않은 것은?**

① 전통스포츠의 보급 및 확산을 통한 민족의식 고양에 힘썼다.
② 야구, 농구, 배구 등과 같은 서구 스포츠를 우리나라에 소개했다.
③ YMCA의 조직망을 통해 스포츠를 전국으로 확산시키는 데 기여했다.
④ 많은 스포츠 종목의 지도자를 배출하였다.

■ YMCA는 우리나라의 전통스포츠 보급 · 확산을 위하여 힘쓰지 않았다.

48 **보기는 1차 조선교육령(1911)에 관계되는 내용이다. 옳은 것을 모두 고르면?**

보기
㉠ 각급 학교의 교육연한을 단축시켜 우매한 민족을 만들려고 했다.
㉡ 체조의 내용을 다양화하기 위해서 병식체조를 스웨덴체조로 바꾸었다.
㉢ 일본어 보급을 통해서 전통문화를 말살하려고 하였다.
㉣ 체조교원을 일본 군인으로 충당하여 체조교육의 내실을 기하려 했다.

① ㉠, ㉡ ② ㉠, ㉢ ③ ㉠, ㉣ ④ ㉡, ㉣

■ ㉡ 병식체조를 스웨덴체조로 바꾼 것은 병식체조를 통해서 국권을 회복하려고 하였던 선각자들의 의지를 약화시키기 위해서였다.
■ ㉣ 한국인 체조교사가 지도하던 민족주의적 체육활동을 규제하기 위해서 체조교원을 일본 군인으로 충당하였다.

필수문제

49 **일제강점기의 학교체조교수요목(1914)에 대한 설명으로 옳지 않은 것은?**

① 식민지통치하 학교체육을 본격적 궤도에 올려놓았다.
② 유희, 보통체조, 병식체조가 체조과 교재로 도입되었다.
③ 일본식 유희가 도입되었다.
④ 체조과 교수시간 이외에 여러 가지 운동을 실시하였다.

■ 국권회복의 의지를 약화시키려고 병식체조를 스웨덴체조로 바꾸었다.

정답 46 : ①, 47 : ①, 48 : ②, 49 : ②

심화문제

50 보기는 학교체조교수요목을 제정한 시기(1914)의 체육교육에 관한 것이다. 옳지 못한 것은?

보기
㉠ 각 학교의 체조교육을 통일시키고, 학교교육에서 체육을 필수화시키기 위한 조치였다. ㉡ 과외활동으로 야구, 수영, 테니스, 스케이트 등을 장려하였다. ㉢ 병식체조를 교련으로 분리하고, 유희를 경쟁적 유희와 발표적 유희로 구분하였다. ㉣ 한국 체육을 근대화시키기 위한 조치였다.

① ㉠ ② ㉡ ③ ㉢ ④ ㉣

■ 한국 체육을 근대화시키기 위한 조치가 아니라 일본에 충성하는 식민지 사람으로 만들기 위한 조치였다.

필수문제

51 3차 조선교육령(1938)에 관한 내용 중 잘못된 것은?

① 만주사변과 중일전쟁을 통해서 중국을 점령한 다음에 공포한 총독부령으로 모든 학교수업을 일본어로 하도록 강요하였다.
② 보통학교를 소학교로, 고등보통학교를 중학교로 바꾸어서 일본과 똑같은 학교이름을 사용할 수 있도록 하였다.
③ 국어(조선어)는 필수과목이었고, 국사(조선사)는 선택(수의)과목이었다.
④ 나중에는 소학교를 국민학교(황국신민학교)로 바꾸는 국민학교령을 공포하였다.

■ 국어와 국사를 선택과목으로 두었지만, 사실상 폐지하였다.

52 3차 조선교육령에서 강조한 3대 교육방침이 아닌 것은?

① 국체명징(國體明徵) : 국가의 정체성(천황이 유일한 통치권자이고, 일본이 곧 천황이다)을 명심하고 잊지 말 것→천황은 신과 같다.
② 대동아번영 : 중국과 동남아시아를 모두 포함하는 대동아권의 번영을 위해서 매진할 것
③ 내선일체 : 일본과 조선은 하나이다.→조선이라는 나라는 아예 없어졌다.
④ 인고단련 : 어려움을 참고 심신을 단련하라.→일본이 조선인에게 요구하는 것은 아무리 어려워도 이행하라.

■ 대동아번영은 교육방침이 아니다.

정답 50 : ④, 51 : ③, 52 : ②

필수문제

53 보기에 해당하는 체육단체에 관한 설명으로 옳지 않은 것은?

보기
» 고려구락부를 모체로 설립된 단체이다.
» 1920년 7월 동아일보사의 후원으로 일본유학생과 국내체육인들이 조선인의 체육을 장려할 목적으로 설립하였다.

① 1920년 전조선야구대회를 개최했다.
② 스포츠 보급의 일환으로 운동구점을 설치하고 운영하였다.
③ 1925년 경성운동장 개장을 기념하기 위해 조선신궁경기대회를 개최했다.
④ 육상경기의 연구를 위한 육상경기위원회 조직과 육상경기규칙을 편찬했다.

■ **조선체육회** : 고려구락부를 모체로 하고, 동아일보사 · 일본유학생 · 국내운동가의 후원으로 1920년에 설립. 전조선야구대회 개최, 운동용구점 설치 · 운영, 육상경기규칙 편찬 등을 하였다.
■ **조선신궁경기대회** : 1925년에 조선체육협회가 개최하였다.

필수문제

54 조선체육회에 대한 설명으로 옳은 것은?

① 1925년 제1회 전조선신궁대회를 개최하였다.
② 조선신문사의 적극적인 후원에 힘입어 설립되었다.
③ 일본체육단체에 대한 대응으로 1920년 조선인 중심으로 창립되었다.
④ 경성정구회와 경성야구협회를 통합하여 조직한 단체이다.

■ 전조선신궁대회는 남산에 일본의 신궁을 세워놓고 조선인들이 그 앞에서 경기를 하게 만든 대회로 조선체육협회에서 주관하였다.
■ 조선체육회가 일본체육단체에 대한 대응으로 설립된 것이 아니라 3.1 독립운동을 계기로 무단통치가 문화통치로 전환되는 시점에 일본인들이 주도하는 조선체육협회에 대한 대응으로 설립되었다.
■ 경성정구회와 경성야구협회를 통합하여 조직한 단체는 조선체육협회이다.

심화문제

55 오늘날 전국체육대회의 효시는?

① 전조선축구대회
② 전조선야구대회
③ 전조선육상대회
④ 전조선정구대회

■ 전국체육대회의 효시는 조선체육회에서 1920년에 개최한 전조선야구대회이다.

56 조선체육회에 대한 설명으로 옳지 않은 것은?

① 경성일보사의 적극적인 후원으로 설립되었다.
② 조선의 체육을 지도, 장려하는 것을 목적으로 설립된 단체였다.
③ 민족주의 사상을 토대로 일본체육단체에 대응하기 위해 창립되었다.
④ 운동경기에 관한 연구 활동뿐만 아니라 스포츠 보급의 일환으로 운동구점을 설치하고 운영했다.

■ 조선체육회는 1920년에 결성되었고, 경성일보사의 후원을 받지 않았다.

정답 53 : ③, 54 : ③, 55 : ②, 56 : ①

■대한국민체육회 : 1907년 10월. 노백린의 발기로 조직된 우리나라 최초의 체육단체.
■일제강점기에 설립된 체육단체
· 조선체육협회 : 1919년 2월 18일. 재조선 일본인들이 창설.
· 조선체육회 : 1920년 6월 16일. 고원훈, 장두현 등 47명이 모여 10명의 창립위원을 선정하여 7월 13일 창립총회를 개최함. 제1회 전조선야구대회 개최.
· 관서체육회 : 1924년 3월. 조만식을 회장으로 창설. 동아일보사 평양지국에 본부를 두었음.

57 일제강점기에 설립된 체육 단체가 아닌 것은?

① 대한국민체육회(大韓國民體育會)　② 관서체육회(關西體育會)
③ 조선체육협회(朝鮮體育協會)　④ 조선체육회(朝鮮體育會)

58 일제강점기 체육에 관한 사실로 옳지 않은 것은?

① 박승필은 1912년에 유각권구락부를 설립해 권투를 지도하였다.
② 조선체육협회는 1920년에 동아일보사 후원으로 설립되었다.
③ 서상천은 1926년에 일본체육회 체조학교를 졸업하고, 역도를 소개하였다.
④ 손기정은 1936년에 베를린올림픽경기대회 마라톤 종목에서 우승하였다.

59 광복 이전 조선체육회에 관한 설명으로 옳지 않은 것은?

① 조선체육협회보다 먼저 창립되었다.
② 조선의 체육을 지도, 장려하는 것이 목적이었다.
③ 첫 사업인 제1회 전조선야구대회는 전국체육대회의 효시이다.
④ 고려구락부를 모태로 하였고, 조선체육협회에 강제 통합되었다.

60 일제강점기의 체육단체로 다음의 설명에 알맞은 단체는?

1920년 7월 13일에 창립되었다. 조선인의 체육을 지도 장려함을 목적으로 삼고, 체육에 관한 조사 연구 및 선전, 체육도서의 발행, 각종 경기대회의 주최 및 후원, 기타 체육회 사업 등의 활동을 실행하였다. 1948년 9월 3일 대한체육회로 명칭을 변경하였다.

① 조선체육회　② 황성기독교청년회
③ 관서체육회　④ 고려구락부

■① 황성기독교청년회 : 우리나라의 스포츠 발전에 가장 크게 기여한 단체임(회장 Terner, 총무 Gillett). 1903년 서울 YMCA 설립, 1906년 4월 운동부 발족, 1916년 실내체육관 준공
■② 대한체육구락부 : 1906년 김기정, 현양운, 신봉휴, 한상우 등이 설립. 우리나라 최초의 근대적인 체육단체
■③ 조선체육회 : 57번 문제 참조
■④ 조선체육협회 : 57번 문제 참조

61 보기에서 설명하는 단체는?

보기
» 외국인 선교사가 근대스포츠인 야구, 농구, 배구를 도입하였다.
» 1916년에 실내체육관을 준공하여, 다양한 실내스포츠를 활성화하였다.

① 황성기독교청년회　② 대한체육구락부
③ 조선체육회　④ 조선체육협회

정답 57 : ①, 58 : ②, 59 : ①, 60 : ①, 61 : ①

62 보기에서 설명하는 올림픽경기대회는?

> » 1936년에 개최된 하계올림픽경기대회였다.
> » 마라톤경기에서 손기정 선수가 금메달을 획득했다.
> » 일장기 말소사건은 국권회복과 민족의식을 일깨워주는 계기가 되었다.

① 제9회 암스테르담 올림픽경기대회
② 제11회 베를린 올림픽경기대회
③ 제14회 런던 올림픽경기대회
④ 제17회 로마 올림픽경기대회

■ 제11회 베를린 올림픽경기대회는 일제 강점기에 개최되었으며, 우리나라의 손기정 선수가 마라톤에 우승하고, 남승룡 선수가 3등을 하였다.

63 1936년 베를린올림픽대회 참가와 관련하여 옳은 것은?

① 함기용, 송길윤, 최윤칠 선수가 마라톤에서 모두 입상하였다.
② 최초로 코리아(KOREA)라는 국가 명칭을 사용하였다.
③ 김성집 선수가 역도에서 동메달을 획득하였다.
④ 동아일보 이길용 기자에 의해 일장기말살사건이 발생하였다.

■ 함기용, 송길윤, 최윤칠 선수가 마라톤에서 모두 입상한 것은 보스턴 마라톤대회였고, 코리아라는 국호를 처음으로 사용한 올림픽대회는 12회 런던 올림픽대회이다. 김성집이 동메달을 딴 것도 같은 대회이다.

64 일제강점기 일장기 말소사건에 대한 내용으로 알맞지 않은 것은?

① 1936년 베를린올림픽대회에서 우승한 손기정의 사진에 일장기가 지워진 것이다.
② 일본인 단체였던 조선체육협회를 해산시키고 조선체육회를 결성하는 계기가 되었다.
③ 체육을 통해 일제에 항거하는 민족주의적 투쟁정신이 표출된 대표적 사례이다.
④ 동아일보는 무기정간을 당하고 일장기를 말소한 이길용 기자 등이 징역형을 받았다.

65 일장기말소사건(1936)과 관련이 없는 것은?

① 손기정	② 이길용
③ 베를린올림픽	④ 조선일보

■ 일장기말소사건을 빌미로 동아일보가 무기한 정간되었다.

66 1936년 제11회 베를린올림픽경기대회 마라톤에서 손기정과 함께 입상한 선수는?

① 서윤복	② 권태하
③ 남승룡	④ 함길용

■ 제11회 베를린올림픽 마라톤 메달리스트는 금메달 손기정, 은메달 어니스트 하퍼, 동메달 남승룡이었다.

정답 62 : ②, 63 : ④, 64 : ②, 65 : ④, 66 : ③

■㉡ 국궁과 씨름을 못하게 하고, 유도와 검도를 통해서 일본의 무사정신을 주입시키려고 하였다.
㉣ 반대로 조선체육회를 조선체육협회로 통합시켰고, 조선학생체육총연맹도 조선체육협회로 통합시켰다.

67 보기는 1930년 이후 일제가 체육·스포츠를 탄압한 내용이다. 옳지 못한 것을 모두 고르면?

보기
㉠ 학교체육을 군사력 팽창에 필요한 인력 양성의 수단으로 삼았다.
㉡ 체육을 교련화하고, 국궁과 씨름을 장려하였다.
㉢ 학교운동회를 민족주의적인 정서가 있다는 이유로 금지시켰다.
㉣ 일본인이 주도하는 조선체육협회를 조선체육회로 통합하였다.
㉤ 조선인이 주도했던 여러 무도단체들을 동경 강도관 조선지부로 통합하였다.
㉥ 일장기 말소사건을 빌미로 동아일보를 무기한 정간시켰다.

① ㉡, ㉢ ② ㉣, ㉤ ③ ㉢, ㉥ ④ ㉡, ㉣

■황국신민체조는 1937년 8월 20일 조선총독부가 식민지 통치의 일환으로 군국주의를 함양하고 무사도정신을 고취하기 위하여 만든 체조이다.

68 일제강점기 황국신민체조에 대한 설명으로 적절하지 않은 것은?

① 식민지 통치체제의 일환으로 실시되었다.
② 군국주의 함양을 위한 것이다.
③ 유희 중심의 체조 지도원리에 따라 교육되었다.
④ 무사도 정신을 고취하기 위한 것이다.

69 일제강점기 체육에서 민족주의 성격을 바르게 설명하지 않은 것은?

① 일본단체의 주관대회에 한국인이 참가하였다.
② 조선체육회 등과 같은 체육단체들이 결성되었다.
③ 학교체육에서 군사훈련보다는 순수체육을 지향하였다.
④ 전통스포츠에는 관심을 두지 않았다.

■① 스키 : 1921년 일본인 나카무라가 소개
■② 배구 : 1916년 기독교청년회(YMCA)에 의해 도입
■③ 럭비 : 1924년 조선철도국의 사카쿠치가 소개
■④ 골프 : 1921년 영국인 던트가 소개

70 일제강점기 근대 스포츠 도입에 대한 설명으로 옳은 것은?

① 스키는 조선철도국에 의해 소개되었다.
② 배구는 YMCA 체육부에 의해 소개되었다.
③ 럭비는 일본인 체육교사 나카무라에 의해 소개되었다.
④ 골프는 서상천에 의해 소개되었다.

정답 67 : ④, 68 : ③, 69 : ④, 70 : ②

71 일제강점기 체육활동에 대한 설명으로 옳지 않은 것은?

① 체육, 스포츠활동을 통해 민족의식을 고취하였다.
② 유도, 검도 같은 무도가 빠르게 전파되었다.
③ 투호, 방응, 석전 등 민속스포츠가 적극 장려되었다.
④ 손기정, 엄복동 등의 국제적인 스포츠선수들이 등장하였다.

72 일제강점기 스포츠 종목의 도입에 대한 설명으로 옳지 않은 것은?

① 스키 – 1921년 나카무라(中村)가 소개하였다.
② 권투 – 1914년 경성구락부에서 소개하였다.
③ 역도 – 1926년 서상천이 소개하였다.
④ 경식정구 – 1919년 조선철도국에서 소개하였다.

■ 권투는 1912년 박승필이 유각권구락부를 설립해 회원을 지도한 것이 처음이다.

73 일제강점기의 시기별 학교체육의 내용으로 알맞지 않은 것은?

① 조선교육령공포기(1911~1914) : 일본군 체조교원을 채용하여 민족주의 체육을 규제하였다.
② 학교체조교수요목의 제정과 개정기(1914~1927) : 군국주의를 바탕으로 군사훈련을 강요하였다.
③ 학교체조교수요목 개편기(1927~1941) : 체조 중심에서 유희와 스포츠 중심으로 변화하였다.
④ 체육통제기(1941~1945) : 체조과를 체련과(體練科)로 변경하고 체육을 점차 교련화하였다.

74 보기에서 설명하는 일제강점기의 체육시설은?

보기
» 축구장, 야구장, 정구장, 수영장 등이 있었다. » 전국 규모의 대회와 올림픽경기대회 예선전 등이 열렸다. » 1925년에 건립되었고, 1984년에 동대문운동장으로 개칭되었다.

① 목동운동장 ② 잠실종합운동장
③ 경성운동장 ④ 효창운동장

■ 1925~1945년 : 경성운동장
■ 1945~1984년 : 서울운동장
■ 1984~2008년 : 동대문운동장

정답 71 : ③, 72 : ②, 73 : ②, ③, 74 : ③

■한민족의 정체성을 지키고 민족의식을 회복하기 위해서 국궁과 씨름 같은 전통경기를 보급하려고 노력하였다.

75 **민족주의적 체육활동에 관한 것들이다. 옳지 못한 것은?**

① 전국적으로 조직된 청년회가 중심이 되어 일제의 탄압에 대한 저항운동의 하나로 체육활동을 하였다.
② 국궁과 씨름 같은 운동은 나라를 망친 스포츠라고 배척하였다.
③ 근대 스포츠의 보급과 확산에 큰 역할을 했다.
④ 보건체육의 민중화 운동으로 확산되었다.

■근대체육의 발달로 전통놀이의 인기가 떨어진 것은 아니다.

76 **근대체육의 발달 배경으로 옳지 않은 것은?**

① 서구문물이 본격적으로 유입되기 시작하였다.
② 근대 학교에서 체조를 정식 교과목으로 채택하였다.
③ 선각자들이 체육의 중요성을 인식하고 보급하려고 노력하였다.
④ 전통 놀이의 인기가 떨어졌다.

■**보건체조** : 1930년대 체육 대중화를 위하여 조선인 체육지도자들이 보급한 체조
■**라디오체조** : 일본이 라디오를 통해 방송한 체조
■**스웨덴체조** : 링(Ling)의 스웨덴체조는 생리학 · 해부학에 기초를 둔 교육체조 · 군대체조 · 의료체조 · 미용체조 중 교육체조와 의료체조에 중점을 둠.
■**병식체조** : 체조시간에 실시한 군대식 훈련

77 **1930년대 체육 대중화를 위하여 조선인 체육지도자들이 보급한 체조는?**

① 라디오체조 ② 보건체조
③ 스웨덴체조 ④ 병식체조

정답 75 : ②, 76 : ④, 77 : ②

CHAPTER 05 현대 체육 · 스포츠

최고 체육행정기관의 변천

군정청의 학무국 → 문교부의 체육과 → 문교부의 체육국 → 체육부 → 체육청소년부 → 문화체육부 → 문화관광부 → 문화체육관광부

대한올림픽위원회의 변천

- 1947년에 IOC로부터 NOC 승인을 받아 런던올림픽에 정식 회원국의 자격으로 출전할 수 있었다.
- 1961년 군사정권에 의해서 강제로 대한체육회에 통합되었다.
- 1964년 IOC 헌장에 어긋난다고 해서 대한체육회에서 다시 분리하였다.
- 대한체육회와 주도권 싸움이 심하다는 이유로 박정희 대통령의 지시에 의해서 1968년에 다시 대한체육회에 통합되었다.

대한장애인체육회

- 장애인체육 업무가 보건복지부에서 문화체육관광부로 이관됨에 따라서 대한장애인체육회를 설립해야 할 필요성이 대두되었다.
- 국민체육진흥법의 개정을 통해서 설립되었다.
- 설립목적, 조직기구 등이 대한체육회와 유사하다

국민생활체육회

- 서울올림픽 이후 대중을 위한 생활체육의 필요성이 증대되었다.
- 생활체육 활동을 체계적으로 지원 · 육성할 목적으로 민법에 의해서 설립 된 비영리사단법인이 국민생활체육협의회이다.
- 민간단체로서는 업무추진에 한계를 느껴서 법정단체로 바꾸기 위해서 우선 이름만 바꾼 것이 국민생활체육회이다.
- 대한체육회와 국민생활체육회를 통합한 것이 통합 체육회인 대한체육회이다.

우리나라의 체육발전을 위한 박정희 정부의 공적

☞ 국민체육진흥법을 공포하고, 국민재건체조를 제정하는 등 국민체육진흥을 위한 기틀을 마련하였다.

☞ 태릉선수촌을 완공하고, 한국체육대학교를 설립하였다.

☞ 직장체육을 활성화하고 레크리에이션 발전을 지원하는 등 생활체육의 발전에도 힘썼다.

☞ 학교체육을 중심으로 한 엘리트체육 발전에 기여하였다.

남북 체육교류

기 간	내 용
1990	평양과 서울에서 남북통일축구대회 개최
1991	일본 지바에서 열린 세계탁구선수권대회에 단일팀으로 출전 포르투갈에서 열린 세계청소년축구대회에 단일팀으로 출전
1999	평양과 서울에서 남북통일농구대회 개최 평양에서 남북노동자축구대회 개최
2000	평양에서 남북통일탁구대회 개최 시드니올림픽 개회식 남북한 공동 입장
2001	평양에서 남한의 태권도시범경기 공연 서울에서 북한의 태권도시범경기 공연
2002	태권도시범단 교환 평양 개최 태권도시범단 교환 서울 개최 부산아시안게임 남북한 개폐회식 공동 입장 남북 통일축구경기 대회
2003	제22회 대구하계유니버시아드 남북태권도 교류 협의 및 대구하계유니버시아드 참관 2003년 제주에서 민족평화통일축전 개최
2004	아테네하계올림픽경기대회 공동입장
2005	제4회 마카오동아시아경기대회 공동입장
2006	도하하계아시아경기대회 개 · 폐회식 공동입장
2018	평창동계올림픽 남북 공동입장 평창동계올림픽에 북한 선수단, 응원단, 예술공연단 파견 평창동계올림픽 여자아이스하키 단일팀 출전 스웨덴 할름스타드세계탁구선수권대회 남북 단일팀 구성 자카르타 팔렘방아시아경기대회 남북 공동입장 및 남북 단일팀 구성

필수 및 심화 문제

필수문제

01 **보기는 광복 이후 현재까지 국가 차원에서의 최고 체육행정기관이 변화해 온 과정이다. (　) 안에 들어가야 할 기관의 이름들을 순서에 맞게 나열한 것은?**

보기
군정청의 (　) → 문교부의 체육과 → 문교부의 (　) → (　) →
체육청소년부 → 문화체육부 → (　) → 문화체육관광부

① 학무국, 체육국, 체육부, 문화관광부
② 체육국, 학무국, 체육부, 문화관광부
③ 학무국, 체육국, 문화관광부, 체육부
④ 체육국, 학무국, 문화관광부, 체육부

■ **체육행정기관의 변천**
미 군정청–학무국
문교부–체육과
문교부 –체육국
체육부–체육청소년부
문화체육부–문화관광부–문화체육관광부

심화문제

02 **다음의 한국 근·현대체육사 내용 중에서 바르지 않은 것은?**

① 1962년 : 국민체육진흥법 공포
② 1982년 : 체육부 신설
③ 1989년 : 국민체육진흥공단 설립
④ 2012년 : 문화관광부에서 문화체육관광부로 개편

■ 2008년에 이명박 정부가 출범하면서 문화체육관광부로 개편하였다.

03 **광복 이후 현재까지 우리나라의 체육스포츠가 발전해온 특성을 설명한 것들이다. 옳지 못한 것은?**

① 국가주의적·민족주의적 체육정책을 펼쳐왔다.
② 전문체육의 발전을 통해서 생활체육이 발전하는 형태이다.
③ 체육을 정치적으로 이용한 경우가 많았다.
④ 학교체육이 괄목할 만하게 발전하였다.

■ 박정희 정부에서는 학교체육이 많이 발전하였으나, 김영삼 정부 이후부터는 학교체육이 크게 후퇴하였다.

04 **광복 이후 우리나라에 나타난 체육사상이나 운동으로 옳지 않은 것은?**

① 엘리트스포츠 육성을 통한 스포츠민족주의
② 체육진흥운동을 통해 강건한 국민성을 함양하는 건민체육사상
③ 서양체육사상과 전통체육사상이 융합된 양토체육사상
④ 국민 모두의 생활체육을 강조한 대중스포츠운동

■ 광복 이후의 스포츠
· 대중 스포츠운동 발달
· 엘리트스포츠 육성을 통한 스포츠민족주의
· 모든 국민의 생활스포츠를 통한 대중스포츠운동
· 서양체육사상과 전통체육사상의 융합은 되지 않음.

정답 01 : ①, 02 : ④, 03 : ④, 04 : ③

05 각 차수별 교육과정에서 체육목표의 내용으로 가장 알맞은 것은?

① 제1차 교육과정은 순환운동, 질서운동을 체육의 내용으로 새롭게 채택하였다.
② 제2차 교육과정부터 '보건·체육'에서 '체육'으로 교과목 명칭을 통일하였다.
③ 제3차 교육과정은 생활 경험을 중요시하여 여가 활동을 강조하였다.
④ 제4차 교육과정부터 초등학교에서는 놀이를 벗어난 '운동'이라는 용어를 사용하였다.

06 전국체육대회의 규모가 너무 커지자 그 규모를 줄일 목적으로 제52회 전국체육대회부터 전국규모의 주니어 체육대회로 창설된 것은?

① 1교1기제도 ② 체력장제도 ③ 소년체전 ④ 어린이체조대회

07 1970년대 실시한 체력장 제도에 대한 설명으로 옳지 않은 것은?

① 국민체력검사표준위원회에서 기준과 종목을 선정하였다.
② 체력증진이라는 교육 목적으로 전국적으로 실시되었다.
③ 입시과열 현상 등 부작용이 발생하였다.
④ 기본운동과 구기운동 종목으로 구성되었다.

■ 체력장 제도에는 구기종목이 없었다.

필수문제

08 다음 중 현행 국민체육진흥법에서 대한체육회의 설립 목적이라고 명기하지 아니한 것은?

① 경기단체의 사업과 활동에 대한 지도와 지원
② 체육경기대회의 개최와 국제교류
③ 선수양성과 경기력 향상 등 전문체육 진흥을 위한 사업
④ 학교체육 및 생활체육의 진흥을 위한 사업

■ 국민체육진흥법을 처음으로 제정하던 당시에는 학교체육 및 생활체육 진흥을 위한 사업이 있었으나, 법을 개정하면서 다른 기관으로 이관되었다.

필수문제

09 보기는 대한올림픽위원회가 변화해온 과정이다. 잘못된 것은?

보기
㉠ 1947년에 IOC로부터 NOC 승인을 받아 런던올림픽에 정식 회원국의 자격으로 출전할 수 있었다.
㉡ 1961년 군사정권에 의해서 강제로 대한체육회에 통합되었다.
㉢ 1964년 IOC 헌장에 어긋난다고 해서 대한체육회에서 다시 분리하였다.
㉣ 대한체육회와 주도권 싸움이 심하다는 이유로 박정희 대통령의 지시에 의해서 1968년에 다시 대한체육회에 통합되었다.
㉤ 서울올림픽대회를 개최하면서 전두환 정권이 대한체육회에서 또다시 분리하였다.

① ㉡ ② ㉢ ③ ㉣ ④ ㉤

■ 대한올림픽위원회는 박정희가 통합한 다음 현재까지 대한체육회의 산하단체로 남아 있다. 우리나라의 국가올림픽위원회만이 세계에서 유일하게 법인 자격이 없다.

정답 05 : ②, 06 : ③, 07 : ④, 08 : ④, 09 : ④

심화문제

10 보기에서 대한체육회에 대한 옳은 설명을 모두 고른 것은?

> 보기
> ㉠ 1920년 – 조선체육회가 창립되었다.
> ㉡ 1948년 – 대한체육회로 개칭되었다.
> ㉢ 1966년 – 태릉선수촌을 건립하였다.
> ㉣ 2016년 – 국민생활체육회와 통합되었다.

① ㉠, ㉡　　② ㉡, ㉣
③ ㉠, ㉡, ㉣　　④ ㉠, ㉡, ㉢, ㉣

■ 모두 옳다.

11 대한장애인체육회에 관련된 내용이다. 잘못된 것은?

① 장애인체육 업무가 보건복지부에서 문화체육관광부로 이관됨에 따라서 대한장애인체육회를 설립해야 할 필요성이 대두되었다.
② 국민체육진흥법의 개정을 통해서 설립되었다.
③ 대한체육회의 산하단체이다.
④ 설립목적, 조직기구 등이 대한체육회와 유사하다.

■ 대한장애인체육회는 독립된 단체이다.

12 국민생활체육회에 관한 내용이다. 잘못된 것은?

① 서울올림픽 이후 대중을 위한 생활체육의 필요성이 증대되었다.
② 생활체육 활동을 체계적으로 지원·육성할 목적으로 민법에 의해서 설립된 비영리사단법인이 국민생활체육협의회이다.
③ 민간단체로서는 업무추진에 한계를 느껴서 법정단체로 바꾼 것이 국민생활체육회이다.
④ 조직기구 등은 대한체육회의 국내부분과 유사하다.

■ 법정단체로 바꾸기 위해서 우선 이름만 먼저 바꾼 것이다. 국민체육진흥법 등 관련법이 개정되어야 법정단체로 바꿀 수 있다.
※참고 : 국민생활체육회와 대한체육회는 통합하여 '대한체육회'로 2016. 3. 27 첫발을 내딛었다.

13 보기에서 설명하는 체육 단체는?

> 보기
> » 제24회 서울올림픽경기대회를 기념하여 1989년 공익법인으로 설립되었다.
> » 체육지도자 국가자격시험을 전담하고 있다.
> » 경정, 경륜, 스포츠토토 등의 기금조성사업을 하고 있다.

① 대한체육회　　② 문화체육관광부
③ 대한장애인체육회　　④ 국민체육진흥공단

정답 10 : ④, 11 : ③, 12 : ③, 13 : ④

필수문제

14 광복 이후 현재까지 대한민국 정부가 체육을 진흥시킨 사상적 기반이라고 할 수 있는 것은?

① 건민주의 ② 홍익인간 ③ 체력은 국력 ④ 체육입국

심화문제

15 다음의 설명에 알맞은 체육시설은 ?

1964년 도쿄올림픽에 대비한 '우수선수 강화훈련단'이 결성되어 국가대표 선수들의 훈련이 이루어졌고, 도쿄올림픽 이후 대한체육회는 우수선수의 지속적인 강화훈련을 위해 서울 공릉동에 건물을 짓고 1966년 준공식을 갖게되었다.

① 동숭동합숙소 ② 태릉선수촌 ③ 진천선수촌 ④ 태백선수촌

16 보기에서 설명하는 장소는?

보기
» 대한체육회가 1966년 우수선수의 육성을 위해 건립했다.
» 스포츠를 통한 국위선양 및 국민통합 실현의 목적이 있다.
» 국가대표선수들을 과학적으로 육성하는 기반이 되었다.

① 장충체육관 ② 태릉선수촌 ③ 동대문운동장 ④ 효창운동장

■ **건민주의**는 박정희가 강조한 것으로 스포츠의 대중화를 통해서 국민의 건전한 정신과 강인한 체력을 길러 국가발전에 기여하게 한다는 사상이다. **홍익인간**을 만드는 것이 우리나라의 교육목표이고, '**체력은 국력**이다.'는 박정희 정부의 슬로건이다.
마지막으로 **체육입국**은 고종이 나라를 빼앗기기 직전에 국권을 회복하려면 국민들에게 새로운 지식을 교육시키는 것이 가장 우선이라는 생각에서 교육조서를 공포할 때 교육입국이라고 한 것에서 유래된 말이다.

필수문제

17 우리나라의 체육발전을 위해서 박정희 정부가 이루어낸 공적이 아닌 것은?

① 국민체육진흥법을 공포하고, 국민재건체조를 제정하는 등 국민체육진흥을 위한 기틀을 마련하였다.
② 태릉선수촌을 완공하고, 한국체육대학교를 설립하였다.
③ 프로야구, 프로축구, 프로씨름 등 프로스포츠를 육성하였다.
④ 직장체육을 활성화하고, 레크리에이션 발전을 지원하는 등 생활체육의 발전에도 힘썼다.

■ 프로스포츠를 육성한 것은 전두환 · 노태우 정부이고, 박정희 정부는 전문체육(엘리트체육)을 육성함으로써 국위를 선양하고, 정치적 지지기반을 다지려고 노력하였다.

심화문제

18 교육사상가와 교육강령을 짝지은 것이다. 틀린 것은?

① 박정희-지 덕 노 체 ② 고종황제-덕 체 지
③ 존 로크-체 덕 지 ④ 스펜서-지 덕 체

■ 지덕노체는 박정희가 주도한 새마을운동의 정신적 근간이었지만, 원래는 미국에서 일어난 4H클럽운동의 행동지침이다.

정답 14 : ①, 15 : ②, 16 : ②, 17 : ③, 18 : ①

19 보기에서 박정희 정부 때 실시한 체력장 제도에 관한 설명으로 옳은 것을 모두 고른 것은?

> 보기
> ㉠ 1971년부터 실시되었다.
> ㉡ 1973년부터는 대학입시에 체력장 평가가 포함되었다.
> ㉢ 국제체력검사표준회위원회에서 정한 기준과 종목을 대상으로 하였다.
> ㉣ 시행 종목에는 100m 달리기, 제자리멀리뛰기, 팔굽혀 매달리기(여자), 턱걸이(남자), 윗몸일으키기, 던지기가 있었다.

① ㉠, ㉡　② ㉢, ㉣
③ ㉠, ㉡, ㉢　④ ㉠, ㉡, ㉢, ㉣

■ 보기는 모두 체력장 제도에 관한 내용임.

20 학교체육에 체력장제도를 도입하고, 초등학교에서 대학교까지 체육을 필수과목으로 지정한 정부는?

① 전두환 정부　② 박정희 정부
③ 노태우 정부　④ 김영삼 정부

■ 체력장제도는 1971년에 도입되었다.

21 정부가 체육정책의 운영에 있어 법적 근거를 마련하기 위해 최초로 제정한 체육관련 법은?

① 학교체육진흥법　② 국민체육진흥법
③ 스포츠산업진흥법　④ 전통무예진흥법

■ 국민체육진흥법은 1962년 9월 17일에 국가재건최고회의에 의해 제정되었다. 국민체육진흥법의 제정은 법적·제도적으로 본격적인 국민체육 시대를 여는 출발점이 되었다.

22 보기에서 설명하는 정부가 시행한 체육 정책에 해당하지 않은 것은?

> 보기
> 이 정부는 '체력은 국력'이란 슬로건을 채택했으며, '국민재건체조'를 제정하고 대한체육회의 예산을 정부가 지원하기로 결정했다. 그 외 국민체육진흥법공포(1961), 체육진흥법 시행령 공포(1963), 체육의 날 제정(1962), 매월 마지막 주의 '체육주간' 제정 등과 같은 조치가 이루어졌다.

① 태릉선수촌의 건립　② 국군체육부대의 창설
③ 우수선수 병역면제 시행　④ 메달리스트 체육연금제도 도입

■ 보기는 박정희 정부 때의 정책이다.
■ 국군체육부대는 1984년에 설립되었다.

정답 19 : ④, 20 : ②, 21 : ②, 22 : ②

23 보기의 체육정책이 추진된 정부는?

보기
» 국민체육진흥법 제정 » 태릉선수촌 건립
» 체력장제도 실시

① 박정희 정부 ② 김대중 정부
③ 노태우 정부 ④ 문재인 정부

24 군사정권의 체육정책에 대한 설명이다. 틀린 것은?

■ 조선체육회를 대한체육회로 개칭한 것은 1945년이고, 사단법인화한 것은 1954년, 특수법인화한 것은 1983년이다.

① 1961년 군사정권의 등장으로 체육진흥정책이 적극적으로 시행되기 시작하였다.
② 대한체육회, 대한올림픽위원회, 대한학교체육회를 통합시켰다.
③ 국민체육진흥법을 공포하여 체육진흥의 기틀을 마련하였다.
④ 조선체육회를 대한체육회로 개칭하고 사단법인화하였다.

■ 전두환 정부(제5공화국)의 주요 체육정책
· 체육부 신설
· 한국체육과학연구소와 국민체육진흥공단 신설
· 1986년 아시아경기대회
· 1988년 서울올림픽대회 유치
· 프로스포츠(야구, 축구, 씨름) 출범

필수문제

25 보기의 설명과 관련 있는 정부는?

보기
» 서울아시아경기대회를 개최하였다.
» 정부 행정조직에서 체육부가 신설되었다.
» 프로야구, 프로축구, 프로씨름 등이 출범하였다.

① 박정희 정부 ② 노태우 정부 ③ 전두환 정부 ④ 김영삼 정부

심화문제

26 보기의 내용을 실시한 정권의 스포츠 정책이 아닌 것은?

■ 전두환 정부(1981~1988)
· 프로축구 출범(1983년)
· 프로야구 출범(1982년)
· 국군체육부대 창설(1984년)
■ 태릉선수촌은 박정희 정부에서 개촌(1966년)

보기
1982년 중앙정부행정조직에 체육부를 신설하고, 아시안게임과 올림픽경기대회의 준비, 우수선수육성 및 지도자의 양성 등 스포츠 진흥운동을 전개했다.

① 프로축구의 출범 ② 프로야구의 출범
③ 태릉선수촌의 건립 ④ 국군체육부대의 창설

27 1980년대에 출범한 프로스포츠 종목이 아닌 것은?

■ 프로농구 : 1997년 출범

① 프로야구 ② 프로축구 ③ 프로씨름 ④ 프로농구

정답 23 : ①, 24 : ④, 25 : ③, 26 : ③, 27 : ④

필수문제

28 보기의 설명과 관련 있는 정권은?

보기
» 호돌이 계획 시행
» 국민생활체육회(구 국민생활체육협의회) 창설
» 1988년 서울올림픽경기대회의 성공적인 개최
» 제41회 지바 세계탁구선수권대회 남북단일팀 출전

① 박정희 정권 ② 전두환 정권 ③ 노태우 정권 ④ 김영삼 정권

■ 보기는 노태우 정권의 주요 체육정책들이다.

심화문제

29 전두환·노태우 정부가 우리나라의 체육발전을 위해서 이루어낸 공적이 아닌 것은?

① 아시안게임과 올림픽게임의 유치 및 성공적인 개최
② 국군체육부대의 창설과 스포츠과학원의 강화
③ 진천선수촌의 완공
④ 국민생활체육협의회의 창설 및 프로스포츠의 육성

■ 진천선수촌은 2011년에 완공되었다.

필수문제

30 보기에서 설명하는 최초의 체육진흥계획은?

보기
» 국민생활체육협의회가 설립되었다.
» 서울올림픽기념 생활관이 건립되었다.
» '호돌이계획'으로 생활체육 진흥을 도모하는 계기가 되었다.

① 참여정부 국민체육진흥 5개년계획 ② 국민생활체육진흥종합계획
③ 제1차 국민체육진흥 5개년계획 ④ 제2차 국민체육진흥 5개년계획

■ 국민생활체육진흥종합계획(일명 '호돌이계획')
· 1990년 3월에 입안되어 1990~1993년까지를 1차계획기간으로 함.
· 전담기구로 '국민생활체육협의회' 설립
· 기본방향
  * 모두가 저렴한 비용으로 체육활동 참여 여건 조성
  * 국민의 신체적성에 맞는 생활체육의 보급으로 체력과 정신력 향상 도모
  * 적극적인 생활체육 홍보를 통해 국민의 건강한 여가생활 기회 확대

정답 28 : ③, 29 : ③, 30 : ②

필수문제

31 보기의 ㉠, ㉡에 해당하는 국제대회가 바르게 연결된 것은?

> 보기
> 1990년 남북체육장관회담의 결과, 1991년 사상 첫 남북 스포츠 단일팀이 구성되었다. (㉠)에 남북단일팀으로 참가한 코리아 팀은 여자단체전에서 세계를 제패했으며, (㉡)에도 청소년대표팀이 남북단일팀으로 참가하여 8강 진출이라는 위업을 달성했다.

	㉠	㉡
①	41회 지바세계탁구선수권 대회	제4회 멕시코세계청소년축구대회
②	32회 사라예보세계탁구선수권 대회	제6회 포르투갈세계청소년축구대회
③	32회 사라예보세계탁구선수권 대회	제4회 멕시코세계청소년축구대회
④	41회 지바세계탁구선수권 대회	제6회 포르투갈세계청소년축구대회

■남북 스포츠 단일팀으로 참가한 1991년 지바세계탁구선수권대회에서 여자단체전 우승, 제6회 포르투갈세계청소년축구대회에서 8강을 하였다.

심화문제

32 남한과 북한이 최초로 단일팀을 구성하여 '코리아(KOREA)'라는 명칭으로 참가한 종목은?

① 태권도 ② 축구 ③ 탁구 ④ 농구

■1991년 4월 일본 지바현에서 개최된 세계탁구선수권대회에서 최초로 남 · 북단일팀을 구성하여 참가하였다.

33 1991년에 남한과 북한이 단일팀으로 탁구 종목에 참가한 국제경기대회는?

① 제41회 지바세계선수권대회
② 제27회 시드니올림픽경기대회
③ 제28회 아테네올림픽경기대회
④ 제6회 포르투갈세계청소년선수권대회

34 남북체육교류협력 내용 중 바르게 연결되지 않은 것은?

① 1991년 : 세계 탁구 및 축구 남북한 단일팀 구성 참가
② 2000년 : 시드니올림픽 개회식 남북한 공동 입장
③ 2002년 : 부산아시안게임 남북한 개폐회식 공동 입장
④ 2008년 : 베이징올림픽 남북한 개폐회식 공동 입장

■베이징올림픽에서는 남북한이 개폐회식에 공동입장을 하지 않았다.

35 광복 이후 한국 체육과 관련된 내용이다. 틀린 것은?

① 1990년대에는 남북 체육교류가 전혀 없었다.
② 1980년대까지는 전문체육의 육성에 치중하였다.
③ 1989년에 국민생활체육진흥 3개년 계획(호돌이 계획)을 추진하기 시작하였다.
④ 체육진흥을 주도해 온 것은 정부였다.

■남북통일 축구대회, 세계탁구선수권 대회에 남북단일팀으로 참석하는 등 남북 체육교류가 가장 활발하게 이루어진 것이 1990년대이다.

정답 31 : ④, 32 : ③, 33 : ①, 34 : ④, 35 : ①

36 **1960~1970년대 정부가 추진한 주요 스포츠정책이 아닌 것은?**

① 보건체육의 시수 증가
② 입시전형에서 체력장제도 도입
③ 엘리트스포츠 양성을 위한 태릉선수촌 설립
④ 남북스포츠교류의 활성화

■ 1960~1970년의 주요 스포츠정책
· 청소년들의 체력강화를 위한 체력장제도의 도입
· 우수선수육성을 위한 엘리트스포츠 정책
· 태릉선수촌 설립
· 남북스포츠교류는 1990년대 이후에 진행되었음.

37 **1990년대 남북한 단일팀 구성에서 합의한 내용이 아닌 것은?**

① 선수단의 단복은 남과 북을 구별한다.
② 선수단의 단가는 1920년대 '아리랑'으로 한다.
③ 선수단의 호칭은 한글로 '코리아'와 영문으로는 'KOREA'이다.
④ 선수단의 단기는 '흰색 바탕에 하늘색 한반도 지도'를 넣는다.

필수문제

38 **보기의 ㉠~㉣을 연대순으로 바르게 연결한 것은?**

보기
㉠ 태권도가 하계올림픽경기대회에서 정식 종목으로 채택되었다.
㉡ 손기정은 하계올림픽경기대회 마라톤 종목에서 금메달을 획득했다.
㉢ 한국은 하계올림픽경기대회에 'KOREA'라는 정식 국호를 달고 최초로 참가했다.
㉣ 양정모는 하계올림픽경기대회 레슬링 종목에서 한국선수 최초로 금메달을 획득했다.

① ㉣-㉠-㉡-㉢ ② ㉡-㉢-㉠-㉣
③ ㉡-㉢-㉣-㉠ ④ ㉢-㉡-㉠-㉣

■ ㉠ 2000년
■ ㉡ 1936년
■ ㉢ 1948년
■ ㉣ 1976년

심화문제

39 **보기에서 설명하는 올림픽경기대회는?**

보기
» 우리 민족이 일장기를 달고 출전한 대회
» 마라톤의 손기정이 금메달, 남승룡이 동메달을 획득한 대회

① 1924년 제8회 파리올림픽경기대회
② 1928년 제9회 암스테르담올림픽경기대회
③ 1932년 제10회 로스앤젤레스올림픽경기대회
④ 1936년 제11회 베를린올림픽경기대회

■ 일제강점기인 1936년 8월에 개최된 제11회 베를린올림픽에서 손기정이 일장기를 달고 우승하였다. 이 사진을 동아일보에 게재할 때 일장기를 지운 '일장기말소사건'이 일어났다.

정답 36 : ④, 37 : ①, 38 : ③, 39 : ④

필수문제

40 보기에서 설명하는 스포츠 경기 종목은?

> 보기
> » 1988년 제24회 서울올림픽경기대회에서 시범 종목으로 채택되었다.
> » 2000년 제27회 시드니올림픽경기대회에서 정식 종목으로 채택되었다.
> » 2007년에 정부는 이 종목을 진흥하기 위한 법률을 제정하였다.

① 유도 ② 복싱
③ 태권도 ④ 레슬링

■ 태권도
· 1988년 제24회 서울올림픽⇒시범종목
· 2000년 제27회 시드니올림픽⇒정식종목
· 2007년 12월 '태권도 진흥 및 태권도공원 조성 등에 관한 법률' 제정 및 공포

필수문제

41 보기의 ㉠~㉣을 연대순으로 바르게 연결한 것은?

> 보기
> ㉠ 한국은 동계올림픽경기대회에 최초로 태극기를 단 선수단을 파견하였다.
> ㉡ 한국은 최초로 하계올림픽경기대회를 개최하였고 종합 4위의 성적을 거두었다.
> ㉢ 남한과 북한의 선수가 최초로 하계올림픽경기대회에서 동시 입장을 하였다.
> ㉣ 한국은 광복 후 하계올림픽경기대회에서 최초로 금메달을 획득하였다.

① ㉠-㉢-㉡-㉣ ② ㉠-㉢-㉣-㉡
③ ㉠-㉣-㉡-㉢ ④ ㉣-㉠-㉡-㉢

■ ㉠은 1948년(생모리츠동계올림픽)
■ ㉡은 1988년(서울올림픽)
■ ㉢은 2000년(시디니올림픽)
■ ㉣은 1976년(몬트리올올림픽)

심화문제

42 보기의 ㉠, ㉡에 들어갈 알맞은 용어로 바르게 연결된 것은?

> 보기
> » (㉠)경기대회는 우리나라 여성이 최초로 금메달을 획득한 대회로, 서향순이 양궁 개인전에서 금메달을 획득했다.
> » (㉡)경기대회는 우리나라가 광복 후 최초로 마라톤에서 금메달을 획득한 대회로, 황영조가 마라톤에서 금메달을 획득했다.

	㉠	㉡
①	1984년 로스앤젤레스올림픽	1988년 서울올림픽
②	1984년 로스앤젤레스올림픽	1992년 바르셀로나올림픽
③	1988년 서울올림픽	1988년 서울올림픽
④	1988년 서울올림픽	1992년 바르셀로나올림픽

■ 1984년 제23회 LA올림픽대회에서 서향순이 양궁 개인전에서 금메달을 획득하였다.
■ 1992년 제25회 바르셀로나올림픽에서 황영조 선수가 마라톤에서 금메달을 획득하였다.

정답 40 : ③, 41 : ③, 42 : ②

43 우리나라가 대한민국 국호를 걸고 최초로 참가한 동계올림픽 경기대회는?

① 1948년 제5회 생모리츠올림픽경기대회
② 1992년 제16회 알베르빌올림픽경기대회
③ 2002년 제19회 솔트레이크시티올림픽경기대회
④ 2018년 제23회 평창올림픽경기대회

■ 최초로 참가한 동계올림픽대회는 1948년 제5회 생모리츠올림픽대회
■ 최초로 참가한 하계올림픽대회는 1948년 제14회 런던올림픽대회

44 1948년 제5회 동계올림픽경기대회에 관한 설명으로 옳지 않은 것은?

① 개최지는 스위스 생모리츠였다.
② 제2차세계대전을 일으킨 독일과 일본도 출전하였다.
③ 광복 이후 최초로 태극기를 단 선수단이 파견되었다.
④ 이효창, 문동성, 이종국 선수는 스피드스케이팅 종목에 출전하였다.

■ 1948년 제5회 동계올림픽대회에는 독일과 일본은 출전하지 않았음.

45 1988년 서울올림픽대회의 역사적 의의에 대한 설명으로 옳지 않은 것은?

① 스포츠외교를 통해 공산국가들이 대거 참가한 대회였다.
② 생활체육을 활성화하는 계기를 마련하였다.
③ 북한이 참가하여 남북화합의 신기원을 이룩하였다.
④ 엘리트스포츠 발전에 획기적인 역할을 하였다.

■ 1988년 서울올림픽대회에는 북한이 참가하지 않았다.

46 보기에서 설명하는 올림픽 경기대회는?

> 보기
> » 분단 후 남한과 북한의 선수가 최초로 동시에 입장한 대회였다.
> » 남한과 북한의 대표선수단은 KOREA라는 표지판과 한반도기를 앞세우고 함께 입장하여 세계인의 박수를 받았다.
> » 태권도가 올림픽 정식 종목으로 시행되었다.

① 1996년 제26회 애틀란타올림픽경기대회
② 2000년 제27회 시드니올림픽경기대회
③ 2004년 제28회 아테네올림픽경기대회
④ 2008년 제29회 베이징올림픽경기대회

■ 제27회 시드니올림픽 개회식에 남북한이 동시 입장하였다.

정답 43 : ①, 44 : ②, 45 : ③ , 46 : ②

■제15회 헬싱키올림픽 : 1952년 개최. 우리나라는 전쟁 중임에도 육상·역도·복싱·사이클·레슬링·승마 6종목 참가.
■제21회 몬트리올올림픽 : 정부 수립 이후 최초로 레슬링의 양정모가 금메달 획득.

47 **보기의 ㉠, ㉡에 알맞은 용어로 바르게 묶인 것은?**

보기
» (㉠) 경기대회는 한국전쟁 중 우리나라가 참가한 대회로, 올림픽에 대한 한국의 열정을 극명하게 보여주었다.
» (㉡) 경기대회는 우리나라가 최초로 금메달을 획득한 대회로, 금 1개, 은 1개, 동 4개로 종합순위 19위를 차지하였다.

① ㉠헬싱키올림픽 ㉡동경올림픽　② ㉠헬싱키올림픽 ㉡몬트리올올림픽
③ ㉠뮌헨올림픽 ㉡동경올림픽　④ ㉠뮌헨올림픽 ㉡몬트리올올림픽

48 **광복 이후 개최된 올림픽경기대회에서 최초로 금메달을 획득한 선수와 종목이 바르게 연결된 것은?**

① 김원기 – 레슬링　② 양정모 – 레슬링
③ 김성집 – 역도　④ 서윤복 – 마라톤

49 **보기의 1, 4에 들어갈 알맞은 국제대회의 명칭은?**

보기
» 1988년 개최된(1)의 마스코트는 '호돌이' 이다.
» 2018년 개최된(4)의 마스코트는 '수호랑과 '반다비'이다.

■서울올림픽대회 마스코트 : 호돌이
■평창동계올림픽대회 마스코트 : 수호랑, 반다비

	㉠	㉡
①	부산아시아경기대회	평창동계올림픽경기대회
②	서울올림픽경기대회	평창동계올림픽경기대회
③	서울올림픽경기대회	서울아시아경기대회
④	서울아시아경기대회	부산아시아경기대회

50 **서울올림픽 이후 우리나라의 체육환경 변화에 대한 설명이다. 옳지 못한 것은?**

■학교체육과 전문체육이 약화되고, 생활체육이 크게 발전하였다.

① 국민들의 건강과 체력에 대한 관심이 커졌다.
② 삶의 질을 향상시키기 위한 체육을 추구하게 되었다.
③ 체육이 전문화, 다양화 되어가고 있다.
④ 학교체육과 전문체육을 강조하게 되었다.

51 **보기의 내용이 연대순으로 바르게 연결된 것은?**

■서울하계올림픽경기대회는 1988년에 개최, 국민체육진흥법은 1962년에 제정, 한국프로야구는 1982년에 출범, 태릉선수촌은 1966년에 건립.

보기
㉠ 서울하계올림픽경기대회 개최　㉡ 국민체육진흥법 공포
㉢ 한국프로야구 출범　㉣ 태릉선수촌 건립

① ㉡–㉣–㉢–㉠　② ㉢–㉡–㉣–㉠
③ ㉣–㉡–㉢–㉠　④ ㉣–㉢–㉡–㉠

정답 47 : ②, 48 : ②, 49 : ②, 50 : ④, 51 : ①

52 대한민국의 국제대회 참가사로 바르지 않은 것은?

① 1948년 : 생모리츠동계올림픽 최초 참가
② 1950년 : 런던하계올림픽 최초 참가
③ 1954년 : 뉴델리하계아시안게임 최초 참가
④ 1986년 : 삿포로동계아시안게임 최초 참가

■ 1950년이 아니라 1948년 제14회 런던하계올림픽대회에 최초로 참가하였다.

53 한국에서 개최한 국제 스포츠대회 중 다음의 설명과 부합하는 대회는?

> 일본과 치열한 유치과정에서 적극적인 외교활동을 펼쳐 서독 바덴바덴에서 유치를 결정지었다. 화합, 문화, 복지, 희망, 번영이라는 5대 특징을 가지고 이루어졌으며, 당시 역대 최대 규모의 선수단이 참가하여 최고의 성적을 거두었다.

① 1986년 서울아시안게임 ② 1988년 서울올림픽대회
③ 2011년 대구세계육상선수권대회 ④ 2002년 한일월드컵대회

필수문제

54 보기의 ㉠, ㉡에 해당하는 개최지가 바르게 연결된 것은?

> 보기
> 우리나라는 1986년 서울아시아경기대회, 2002년 (㉠) 아시아경기대회, 2014년 (㉡)아시아경기대회를 성공적으로 개최했다.

	㉠	㉡
①	인천	부산
②	부산	인천
③	평창	충북
④	충북	평창

■ 역대 아시안게임 개최지

횟수	연도	개최지	횟수	연도	개최지
1	1951	뉴델리(인도)	11	1990	베이징(중국)
2	1954	마닐라(필리핀)	12	1994	히로시마(일본)
3	1958	도쿄(일본)	13	1998	방콕(태국)
4	1962	자카르타(인도네시아)	14	2002	부산
5	1966	방콕(태국)	15	2006	도하(카타르)
6	1970	방콕(태국)	16	2010	광저우(중국)
7	1974	테헤란(이란)	17	2014	인천
8	1978	방콕(태국)	18	2018	자카르타, 팔렘방(인도네시아)
9	1982	뉴델리(인도)	19	2023	항저우(중국)
10	1986	서울			

정답 52 : ②, 53 : ②, 54 : ②

■④ 2018년 제18회 아시아경기대회는 자카르타, 팔렘방(인도네시아)에서 개최되었음.
■※제23회 동계올림픽이 2018년 2월에 평창에서 개최되었음.

심화문제

55 대한민국에서 개최된 하계아시아경기대회가 아닌 것은?

① 1986년 제10회 서울아시아경기대회 ② 2002년 제14회 부산아시아경기대회
③ 2014년 제17회 인천아시아경기대회 ④ 2018년 제18회 평창아시아경기대회

56 보기의 ㉠, ㉡에 해당하는 여성 스포츠인이 바르게 연결된 것은?

> 보기
> » 박봉식은 1948년 런던올림픽경기대회에 출전한 첫 여성 원반던지기 선수
> » (㉠)은/는 1967년 세계여자농구선수권대회에 출전해 최우수선수로 선정
> » (㉡)은/는 2010년 밴쿠버동계올림픽경기대회에 출전해 피겨스케이팅 금메달 획득

	㉠	㉡		㉠	㉡
①	박신자	김연아	②	김옥자	김연아
③	박신자	김옥자	④	김옥자	박신자

■광복 이후 우리나라를 빛낸 체육인
· 박봉식 : 제14회 런던올림픽대회(1948년)에 출전한 첫 여성. 원반던지기 선수
· 박신자 : 1967년 세계여자농구선수권대회(체코의 프라하)의 MVP
· 조오련 : 제6회(방콕) · 제7회(테헤란)아시아경기대회에서 수영 자유형 금메달. 독도 33바퀴 회영
· 서향순 : 제23회 LA올림픽대회(1984년)에서 양궁 금메달
· 황영조 : 제25회 바르셀로나올림픽대회(1992)에서 마라톤 금메달, 제12회 히로시마아시아경기대회(1994년)에서 마라톤 금메달
· 이봉주 : 제26회 애틀란타올림픽대회(1996년)에서 마라톤 은메달
· 김연아 : 제21회 밴쿠버동계올림픽대회(2010년)에서 피겨스케이팅 금메달, 제22회 소치동계올림픽대회(2014년)에서 피겨스케이팅 은메달

■민관식 : 대한체육회장, 대한올림픽위원회 위원장 등을 역임
■김일 : 프로레슬러
■김성집 : 올림픽 유도 메달리스트(1948년 런던, 1952년 헬싱키). 태릉선수촌장 역임.

57 보기에 해당하는 인물은?

> 보기
> » 제6회, 제7회 아시아경기대회에서 수영 종목 400M, 1,500M 2관왕 2연패
> » 2008년 독도 33바퀴 회영(回泳)
> » 2020년 스포츠영웅으로 선정되어 2021년 국립묘지에 안장

① 조오련 ② 민관식 ③ 김일 ④ 김성집

■2002년 한일월드컵에서는 남북한이 단일팀을 구성하지 않았다.

58 2002년 제17회 월드컵축구대회에 관한 설명으로 옳지 않은 것은?

① 한국은 4강에 진출했다.
② 한국과 일본이 공동으로 개최했다.
③ 한국과 북한이 단일팀을 구성하여 출전했다.
④ 한국의 길거리 응원은 온 국민 문화축제의 장이었다.

정답 55 : ④, 56 : ①, 57 : ①, 58 : ③

MEMO

MEMO

MEMO

MEMO